DICCIONARIO
TARAHUMARA

DE SAMACHIQUE
Chihuahua, México

Serie de vocabularios y diccionarios indígenas
"Mariano Silva y Aceves"
Núm. 101

Serie dirigida por Doris Bartholomew

Equipo de redacción y corrección:

Ramona Millar

Joyce Overholt

Louise Schoenhals

Emily Stairs

Equipo de redacción en español:

Sara Arjona de Watson
jefe de redacción

Eva Reyes

Catherine Smith

Priscila Gómez

Edición especial del diccionario tarahumara

a cargo de

Emily Stairs

DICCIONARIO

TARAHUMARA

DE SAMACHIQUE

Chihuahua, México

por
K. Simón Hilton

Instituto Lingüístico de Verano
P.O. Box 8987 CRB
Tucson, AZ 85738-0987

Esta edición del diccionario tarahumara contiene nuevos vocablos que no se encuentran en la primera edición. Incluye también oraciones para ilustrar muchas de las entradas que fueron añadidas por el compilador de la primera edición. Se ha modificado el formato para adaptarlo al usado en la actualidad por el Instituto Lingüístico de Verano.

Primera edición 1959
Instituto Lingüístico de Verano, A.C.

Edición especial corregida y actualizada 1993
Departamento de lingüística
Instituto Lingüístico de Verano

CONTENIDO

ADVERTENCIAS

El presente vocabulario es una revisión de la primera edición que fue publicada en el año de 1959. Todas las palabras tarahumaras han sido revisadas nuevamente con la ayuda de los señores Martín Reyes Ch. y Dionisio Pérez V., quienes son hablantes del tarahumara de Samachique, Municipio de Guachochi, Chihuahua, de la región tarahumara del centro. Los asesores principales para la elaboración de la primera edición fueron los Profesores Ramón López B. y Emilio Carrasco T. Para la preparación de esta segunda edición especial usamos como libro de consulta el *Manual for Bilingual Dictionaries* del Dr. Dow W. Robinson, publicado por el Instituto Lingüístico de Verano.

Este vocabulario tiene el propósito de delinear los rasgos característicos del idioma tarahumara, presentando los datos en una anotación técnicamente adecuada para la reproducción de los sonidos que tienen significación en el idioma. Los sufijos se han clasificado de tal manera que el lector pueda, por medio de las explicaciones gramaticales que siguen, reconocer y formar los múltiples vocablos tarahumaras que se forman al añadir algún sufijo a las raíces establecidas.

Existen ciertas diferencias de idioma entre pueblo y pueblo, aunque todos se entienden entre sí con muy poca dificultad. Para los tarahumaras de la región central no hay diferencia en la pronunciación de los sonidos **l** y **r** cuando éstos se presentan en medio de alguna palabra, por ejemplo: **corachi** o **colachi** *cuervo*. En este vocabulario tales palabras se han escrito con **r** pero se pueden pronunciar también con **l**.

La mayoría de estas variantes se presentan como artículos.

En algunas palabras se pueden pronunciar la **g** o la **c** indistintamente; por ejemplo: **garé** o **caré** *le ama*.

Otra variación que existe es la de pronunciar o no la **g** o la **c** cuando una de ellas es inicial; por ejemplo: **gará** o **ará** *bueno*.

También hay ciertas variaciones entre las vocales **i** y **e**, cuando no están en la sílaba tónica, como en el siguiente ejemplo: **quimá** o **quemá** *cobija*.

Otras clases de variaciones se muestran en los siguientes ejemplos: **hua** por **a** en **huaquiná** o **aquiná** *por acá*; **hui** por **i** en **huiyera** o **iyera** *madre de uno*; **hui** por **u** en **huiba** o **uba** *baña(n)*; **ba** por **hua** en **basoná** o **huasoná** *pato(s)*.

Este vocabulario se presenta en dos partes. En la primera aparecen las palabras tarahumaras en orden alfabético con sus equivalentes en español, y en la segunda las palabras del español, también en orden alfabético, con sus equivalentes tarahumaras. En la primera parte se encontrará una explicación más amplia del significado de cualquier palabra que se necesite. Las palabras tarahumaras se han presentado en su forma básica, sin sufijo alguno que modifique su sentido. Como se dijo anteriormente, se puede añadir sufijos a las palabras aquí presentadas, por lo que el lector puede construir formas más complejas.

Los vocablos tarahumaras se han escrito con las letras del alfabeto español. El saltillo ' es un ligero corte de la voz al pronunciar las palabras. No existe en español. El saltillo es la última letra del alfabeto tarahumara, pero en el diccionario no se da como entrada. Dos vocales iguales no separadas por saltillo se pronuncian como una sola vocal, pero tienen mayor duración.

COMPARACIÓN DE LOS ALFABETOS

Tarahumara		Español	
a	acá	**a**	*abajo*
b	bacá	**b**	*bajar*
c	cabí	**c**	*camote*
ch	chabé	**ch**	*chamaco*
		d	*decir*
e	echi	**e**	*echar*
		f	*fácil*
g	gará	**g**	*gana*
hu	hue	**h**	*hablar*
i	icaré	**i**	*idioma*
j	jabu	**j**	*jarro*
		k	*kilo*
l	lohuí	**l**	*lado*
		ll	*llenar*
m	macoy	**m**	*macho*
n	nacá	**n**	*nada*
		ñ	*añadir*
o	ocuá	**o**	*ojo*
p	paca	**p**	*padre*
q	quere	**q**	*quedar*
r	rapá	**r**	*raíz*
s	sáa	**s**	*sacar*
t	táa	**t**	*tanto*
u	ucú	**u**	*usar*
		v	*vaca*
		x	*excelente*
y	yena	**y**	*yunta*
		z	*zacate*
'	'yeca		

ABREVIATURAS

adj.	adjetivo
adj. dem.	adjetivo demonstrativo
adv.	adverbio
conj.	conjuntivo
f.	femenino
fut.	tiempo futuro
ger.	gerundio
imper.	imperativo
impers.	impersonal
interj	interjección
interr.	interrogativo
m.	masculino
pl.	plural
pos.	posesivo
pp.	participio pasado
prep.	preposición
pret.	tiempo pasado
pron.	pronombre
pron. dem.	pronombre demonstrativo
reg.	regional
s.	sustantivo
sing.	singular
v.	verbo
vi.	verbo intransitivo
vt.	verbo transitivo

ACENTUACIÓN

En las palabras tarahumaras presentadas en este vocabulario usamos las mismas reglas de acentuación que se usan en español, así que, cuando el acento cae en la penúltima sílaba no lo marcamos. Hay algunas palabras que llevan dos acentos.

DICCIONARIO

TARAHUMARA – ESPAÑOL

TARAHUMARA - ESPAÑOL

A

a *vt* buscar **Nijeni ama cahué.** Voy a buscar el caballo. **¡Ábasi!** ¡Vayan a buscarlo! [*pret.*: **ari**; *fut.*: **ama**]
  ábia simíbari fueron a buscarlo
  abo lo buscaremos, Uds. lo buscarán
  ásagá si lo busca
  ásiga buscándolo
  ay lo buscaba

abé *adv* 1. hoy **Abé huarú ucuri.** Hoy llovió mucho.
  2. hace rato *Véase* **jipi, curipi**

abi, abiyena *adv* sí **¿Acha mi 'yárati? Ayena, abi.** ¿Se lo dieron? Sí.

abijí *adv* todavía, aún **¡Abijí buhué!** ¡Espera todavía! **Abijí que cho ucú.** Todavía no llueve.
  bi'yábijí temprano todavía
  abijí tibíami sobrante
  abijí ucú todavía llueve

aboni *pron* ellos, ellas
  aboni piérachi habitación de ellos

[1]**acá** *s* cara, nariz *Véase* **cho'ó**
  binoy acara su cara
  binoy acárachi en su cara

[2]**acá** *vi* 1. tener sal **¿Acha gará acá muní?** ¿Tienen suficiente sal los frijoles? **Hue gará acá je'ná muní.** Están muy bien de sal estos frijoles.
  2. está dulce o sabroso

[3]**acá** *s* huarache **Nijeni quetasi te acá.** No tengo huaraches.
  acará *vi* poner (*huaraches*)
  acarapu *vi* quitarse (*huaraches*)
  acarapta *vt* quitar (*huaraches*)

[4]**acá** *vi* embotarse, quitarse (*el filo*) **Ripurá acari.** Se embotó el hacha.

acáami *adj* 1. salado
  2. dulce

acáanami *adj* sano de pie o de brazo (*se usa negativamente*) **Echi rijoy que acáanami ju, mapujiti binoy ronórachi nacórami ju.** Ese hombre es cojo porque tiene la pierna chueca.
  que acáanami cojo
  que acáanami biréana ronochí cojo de una pierna

acabó *s* hoyo de la nariz, ventana de la nariz

acáchura *s* 1. abuela paterna **Echi nijé onorá iyera nijé acáchura ju.** La mamá de mi papá es mi abuela paterna.
  2. nieta (*de la abuela paterna*)
  nijé acáchura mi abuela (*la mamá de mi papá*)

acahui *vt* salar

acajihua 1. *s* correa **Acajihua ma su'rari.** Ya se soltó la correa del huarache.
  2. *vr* ponerse correas a los huaraches
  nijé acajíhuara mis correas

acami *adj sing* vivo **Abijí acami ju cochí.** Todavía está vivo el perro.

acaná *adv* boca abajo **Acaná huichiri.** Se cayó boca abajo.

¡Acaná achá bitori! ¡Voltea el cajete (*boca abajo*)!

acánami *pp* aliviado (*de pie, brazo, etc.*), sano así

[1]**acará** *vt* herrar

[2]**acará** *s* rostro

acha *adv* ¿acaso? (*solo se usa en preguntas*)

¿Acha gará ju? ¿Estás bien?

¿Quecha gará ju? ¿No estás bien?

achá *vt* poner (*una sola cosa o persona*), colocar **Echo'ná achámani.** Voy a ponerlo allí. **Nijeni naquiri echo'ná achayá.** Yo quería ponerlo allí. **Echo'ná achárati.** Fue puesto allí. **Sicochi achari rité.** Puso la piedra en el rincón. [*pl.*: **muchuhua**]

achagó *s* una mata espinosa (*semejante a la manzanilla*; *las chivas comen las ramitas*)

achagóachi lugar donde hay esa mata

achapa *vt Golpear ropa o cobija sobre una roca o con un palo para quitar el agua.*

'aché *vi* atiesarse (*de frío*), morirse (*de frío*) **Biré táa tohuí 'acheca mucuri, mapujiti quetasi teri quimá.** Un niño chiquito se atiesó, y murió así, porque no tenía cobija.

achí *vt* reír, sonreír **Echi jaré rarámuri huabé achiri maparí nijé huichiri.** Los tarahumaras se rieron mucho cuando me caí.

achíami *adj* risueño

achigó yiri ju es igual *Véase* **néchigo**

achigórigá *adv* de la misma manera, así también **Echi rijoy nihuari biré namuti achigórigá mapurigá rihuari echo'ná huarúrachi.** Ese hombre hizo una cosa de la misma manera que vió en la ciudad.

achigórigá mapurigá tal como era

achíptiami *adj* cómico

achó *adv* iguales **Achopi achó ju.** Son iguales. **Ocuánica chopi achó ju.** Los dos son iguales.

chopi a yiri ju son iguales

agá [*gerundio de* **'ya** le da] dándole

agásane *s* bilis

agóona *s* animalito parecido al alacrán **Echi agóona hue aparúami ju, mapujiti hue iquí echi pagótami.** El "agóona" está muy bravo porque pica a la gente.

ahuá *s* cuerno **Biré toro hue aparúmi tamí chi'iburi binoy ahuara jiti.** Un toro bravo me acorneó (*lit.: con sus cuernos*).

chibá ahuara cuernos de chiva

a'huá *vt* 1. tragar **Ma huaminá a'huari chicle.** Ya se tragó el chicle.

2. meter, echar (*cosas para adentro o afuera*) **Huaminá pachá a'huari echi rité.** Ya echó hacia adentro las piedras.

a'huánami *adj pl* ligeros **Ri'marí hue a'huánami ju.** Los jóvenes son muy ligeros. *Véase* **huarínami**

[1]**ahué** *vt* asar **Mani mi'yari biré huáasi; sapá ahuémani.** Ya maté una res; voy a asar la carne.

ahuérami *adj* asado

[2]**ahué** *vi* tener cuernos **Echi bo'huá nahuó ahuéami ju.** Ese borrego tiene cuatro cuernos.

ahuéami *adj* que tiene cuernos

a'hué *s* águila

ahuébara *s* pasador

a'huénami *adj pl* ligeros

ahuérami *adv* asado

ahuí *vt* bailar (*matachines*) **Jipi omohuárahuachi jaré ri'marí ahuimea.** En esta fiesta algunos jóvenes bailarán matachines. [*fut.*: **ahuimea**]

a'huí *vi* brotar, nacer o germinar (*semillas*) [*pret.*: **a'huiri fut.**: **a'huimea**]
ahuínari *adv pl* solos [*sing.*: **bi'neri**]
a'huínari *adv* aparte **Aboni a'huínara niráa napahuiri.** Ellos se juntaron aparte de los demás.
[1]**ajó** *vt* desgranar maíz
[2]**ajó** *s* mosquito, zancudo
a'lara *vt* mejorar, arreglar, preparar **Hue charé buhué; auchecho cu a'lárabo.** Está muy malo el camino; lo arreglaremos. *Véase* **ca'rara**
alimuri *s* decalitro
amá *s* hígado
  amaré *vi* tener hígado
  huáasi amará hígado de vaca
amachí *vt* rezar **Echi jaré pagótami mo'huiri echo'ná pachá ri'obachi; ma amachima.** La gente ya entró en la iglesia; van a rezar.
  amachícarahuami *adj* perteneciente a la acción de rezar
amarú *vi* estar entero **Auchériga atí bachí; abijí amarúami ju.** Así está la calabaza; todavía está entera.
  amarúami *adj* entero, complejo
amí *vt* buscar **Nijeni simea huenomí ámia.** Voy a buscar dinero. **Símabo huenomí ábia.** Vamos a buscar dinero. **¡Amí!** ¡Vaya a buscarlo!
  ámia simiri fue a buscarlo
amígohua *s* amigo
  nijé amígohuara mis amigos
amóo, amoque *s* panal, miel de abeja **Huamí ripá coráachi chucú biré amóo.** Allá arriba, en la escarpadura, está colgado un panal.
[1]**aná** *adv* de otro modo **Aná cho niráa ra'ichari.** Habló de otro modo.
[2]**aná** *s* 1. ala
  2. aleta
  churuguí anará alas de pájaro
  rochí anará aletas de pez
a'nabáa *vi* juntarse **Jena'í piréami pagótami a'nabáari echo'ná comurachi.** La gente de aquí se juntó en la casa de la comunidad.
anacha *vi* aguantar **Maparí rarajípari, echi rijoy quetasi anáchari.** Cuando corrieron con la bola, ese hombre no aguantó. **Biquiyá norí chopi anáchari.** Solamente aguantó tres vueltas. **Ne huabé ocó ramichí; nijeni quetasi omero huaminabi anacha.** Me duele mucho la muela; no puedo aguantarla más. [*pret.*: **anáchari**; *fut.*: **anachama**]
anachapa *vi* aletear
a'nagú *adv* por los dos lados **Nijeni oseri a'nagú cuhuana.** La pinté por los dos lados.
  a'nagú ne chópirigá sitóami cuadrado
a'nagupi *adv* mutuamente, unos a otros
anahué *vi* aletear
anahui *vt* medir, pesar **Gará anáhuari echi sunú, mapurigá ibiri chópirigá chapimea.** Midieron bien el maíz, para que cada uno reciba la misma cantidad. [*pret.*: **anáhuari**; *fut.*: **anáhuima**]
a'nahuí *adv* 1. al mismo tiempo **A'nahuí ochérari.** Nacieron al mismo tiempo. **Ne a'nahuí buyari.** Salieron al mismo tiempo.
  2. igual **Ocuánica ne a'nahuí ju.** Los dos son iguales.
  a'nahuí ju son iguales
a'najata *vt* perseguir **Echi rijoy quimá chigósari, echijiti a'najátabo.** Ese hombre se robó una cobija; por eso lo

perseguiremos. [*pret.*: **a'najátari**; *fut.*: **a'najátama**]
a'namótami *adv* uno encima del otro
a'namótana *vt* poner (*uno encima del otro*) **Napabuca a'namótana muchúhuari.** Las puso una encima de la otra, haciendo un montón.
anara *vt* igualar
a'nayáhuari *s pl* los que vivieron hace mucho, los espíritus de los antepasados **Jaré rarámuri mayé mapu echi jaré qui'yá piréami pagótami arihuá abijí 'yena jena'í, echijiti maparí echi jaré rarámuri huabé majajáratami ju, rocogó niráa, aboni mayé mapu a'nayáhuari 'yena.** Algunos tarahumaras creen que los espíritus de los que vivieron hace mucho todavía andan aquí, por eso, cuando ellos están muy asustados en la noche, creen que los espíritus de los antepasados andan por ahí.
ané 1. *vt* decir **Maparí echi rijoy ra'íchari tamí yuhua, binoy tamí aneri mapu binoy onorá ma mucuri.** Cuando ese hombre habló conmigo, me dijo que su papá ya había muerto.
2. *vi* sonar fuerte
jeané le dice esto
anebi le hubiéramos dicho
anemi le hubiera dicho
anérami *pp* le fue dicho
anérati *vi* fue dicho, fue avisado (*pasivo*)
anéchani *vi* rezumbar
aní *vi* decir
anihuáami *pp* querer decir **¿Churigá anihuáami ju?** ¿Qué quiere decir?
anirá *vi fut* decir **¿Churigá anirá?** ¿Cómo dirá?
aniríhuachi *adv* en el tiempo en que se dice
aniríhuami *pp* nombrado
Samichí aniríhuachi lugar nombrado Samachique
aoréachi *s* tascatal
aorí *s* táscate (*un árbol de la familia del cedro*)
apabera *vi* andar acarreando (*en el lomo*) [*fut.*: **apabérama**]
apanérohua *s* compañero
aparocha *s* 1. abuelo materno **Echi nijé iyera onorá nijé aparóchahuara ju.** El papá de mi madre es mi abuelo materno.
2. nieto (*del abuelo materno*) **Arí biché nijé ayena cho binoy aparóchahuara ju.** Y yo también soy su nieto.
nijé aparóchahuara mi abuelo materno, mi nieto
aparú *vi* estar bravo
aparúami *adj* bravo, cruel, feroz, malvado, valiente, violento
apé *vt* echar a la espalda **Nijé apema.** Yo voy a traerlo en la espalda. **Echi rijoy apema cuco.** Ese hombre se va a echar un tercio de leña en la espalda.
apera *vt sing* llevar en la espalda **Ripópachi apérama sunú.** Va a llevar el (*saco de*) maíz en la espalda. [*fut.*: **apérama**; *pl.*: **pabera**]
apurá *vi* hacer olas (*el agua*)
apurí *s* un árbol de la barranca
[1]**aqué** *vi* tener huaraches *Véase* **acá**
[2]**aqué** *vi* nadar
aquibi *vi sing* desaparecer [*pl.*: **mo'huibi**]
arara *s* arado
aré *vt* descornar **Echi toro tamí chi'iburi; ma huaminá arémani.** Ese toro me acorneó; ya voy a descornarlo.
arí *adv* tarde
jipi arí hoy en la tarde, en seguida

arí biché entonces
ariché *vi* tardar, dilatar
arigá a pesar de, de todos modos **Arigá ruráachi nochabo.** A pesar del frío vamos a trabajar.
arigá 'huérari urgente
ariga 'huérari ju es menester
arihua *vi* ser tarde, atardecer **Ma arihua, terico chonama.** Ya es tarde, pronto va a obscurecer.
arihuá *s* alma
arihué *vt* dejar **Rijoy huaminá arihueri binoy upira.** El hombre dejó a su esposa. **Echo'ná bitichí arihueri ripurá.** Dejó el hacha en la casa. **¡Arihué! ¡Quetasi namó orá!** ¡Déjalo! ¡No le hagas nada! [*pp.*: **arihuérami**; *fut.*: **arihuema**]
arimuri *s* almud
a'rínaromí *adv* al poco rato **Maparimi cu simiri, que ayó, pe a'rínaromí échico nahuarí.** A poco de haberse ido usted, llegó él.
ariósibá *interj* ¡adiós!
arirí *interj* ¡ay!
aró *vi* marchitarse
asahua *vt* sacudir
asapa *vt* sacudir **Cará asápari quimá, mapujiti hue napisóori.** Sacudió bien la cobija, porque tenía mucho polvo.
asayé *s pl* enemigos [*sing.*: **sayé**]
asé *vt* montar (*un animal*) **Cahué asigá cu simiri.** Montando el caballo, se fué. **Que cho binéami ju aserihua.** Todavía no está entrenado a ser montado.
asigá montando
así *adv* también **Binoy upira así simiri.** Su esposa también se fue.
asibá *imper* siéntate **Mami risiri inaria, echo'ná ritérari moba asibá.** Ya te cansaste de andar, siéntate allí sobre la piedra.
asiba 1. *vi sing* sentarse **Pachá asíbaga, huarú co'huari.** Sentándose adentro, comió mucho. **Echo'ná escuélachi asíbami rihuárini.** Le ví sentado allí, en la escuela.
2. quedarse (*cosa*) **Echi huarú rité ripana jonsa cabótasa, huamí ri'ré asíbari.** Esa piedra rodó desde arriba y se quedó allí abajo. [*pl.*: **muchiba**]
asináari *vi* quería sentarse
asira *vi* estar sentado (*haciendo algo*) **Oserí 'nénia asírari.** Estaba sentado leyendo.
asisi *vi* levantarse (*de estar acostado*)
atá *s* arco (*para flechas*)
atachó *vi* pudrirse (*mazorcas*)
atachórami podridas (*mazorcas*)
atahuépata *vt* podar
até *vi* tener arco [*pp.*: **atéami**]
atí *vi sing* estar, estar sentado [*pl.*: **muchuhui**]
atisi *vi* estornudar
auché *adv* otro
auché baisá niráa tres tantos
auché biré otro
auché biréana en otra parte
auché biréara oméachi el próximo domingo
auché jaré otros
auché pe ocuá otro poco
auché siné otra vez
auchecho, auchecho siné otra vez
auchecho siné aní repetir
auchecho siné cu 'ya reponer
ayá [*gerundio de* **'ya**] dando **Jena'í iyénari biré óhuami carúmati ohuáami ayá.** Aquí andaba un médico dándonos medicinas de todas clases.
a'yapi uno tras otro **Maparí nachútari sunú, a'yapi sísari echi pagótami.** Cuando hicieron

distribución del maíz, la gente llegaba una tras otra.

ayena *adv* sí **¿Acha atí mujé onorá? Ayena, echo'ná pachá atí.** ¿Está tu papá? Sí, está allí adentro.

ayena cho *adv* también, aún, sí **Ayena cho nayúnari echi jaré cúuchi.** Aún los niños se enfermaron. **Nijé onorá ayena cho nahuari.** Mi papá también vino.

ayénasí, ayena así sí también

B

ba'arí *adv* mañana

ba'arí bi'yá mañana temprano

ba'arí piché hasta mañana

ba'arínara al siguiente día (*en el pasado*) por la mañana **Maparí huarú quipari, ba'arínara huabé ruráari.** Al día siguiente de la gran nevada hizo mucho frío.

bacá *s* carrizo **Huaminá tu bacochi hue nirú bacá.** Allá abajo, en el río, hay mucho carrizo. **Echi jaré rarámuri echi bacá nihuá cuseri.** Los tarahumaras hacen flautas del carrizo.

bacahuá *s* hoja de la mazorca (*seca*) **'Huisa, bacahuá napabusa, huaminánomí tamari nihuabo.** En la pizca juntamos las hojas de las mazorcas; después haremos tamales.

bacamú *vi* infectarse (*llaga*), hincharse (*con pus*) **Chabé jonsa huabé cháanari, jipi ma bacamuri.** Desde hace algún tiempo le salió un grano, ahora ya se hinchó con pus.

bacánuhui *s* tipo de mata que crece en las barrancas. (*Ellos usan las raíces bien machucadas con un poco de agua para curarse cuando están "fuera de sí".*)

bacarachi *s* tipo de víbora chica con rayas blancas

bacarí *vi* tener enfermedad venérea

bacó *vi* ponerse amarillo (*las matas de maíz por haber llovido*) **Chabé biréara michá huarú ucuri sinibí rahué, echijiti pachí ma bacori.** Hace un mes llovió mucho todos los días, por eso las matas de maíz se pusieron amarillas.

bacochi *s* río **Huaminá ri'reti urí, huabé ri'ré bacochi ju.** Allá en el fondo de la barranca, muy abajo, está el río.

bacúi *s* otate

bacúu *s* palo semejante al carrizo

1**bachá** *adv* primeramente, adelante, enfrente **Maparí mitebo biré ocó, bachá niráa chutabo echi ripurá.** Cuando tumbamos un pino, primeramente amolamos el hacha.

bachá huiríami primogénito

bachá niráa de antemano

bachá simí avanza, precede

2**bachá** *vi pl* meter (*a la cárcel*), poner (*adentro*) [*pp.*: **bachárami**]

bachánari *vi* quisieron ponerlo preso

bachara asari estaba preso, estaba encerrado

bacháami *adv* ante, delante, por delante, enfrente de **Bacháami echi siríami yuhua huiribámani.** Voy a comparecer delante del gobernador.

bacháami echi siríami yuhua ante el gobernador

bacháami huiriami aparecer delante de, comparecer

bacháami jaba comparecen

bachagóachi *s* parte gruesa del hueso que fue roto

bachagochi *s* hueso del tobillo

bachahuara *vi* ir adelante **Bachahuárari ichayá.** Se apuró a sembrar primero. (*lit.: adelante sembró*) **Nijeni hue jiyahua, echijiti bachahuáramani.** Tengo mucha prisa; por eso voy adelante.

bachari *vt pret* hacer preso

baché *vi* apuntar bien jugando cuatro (*tirando al hoyo*) **¡Gará baché!** ¡Apúntelo bien!

bachéi *vi* tener hermano mayor **Nijeni quetasi bachéi, mapujiti nijé binoy bachá huiríami ju.** No tengo hermano mayor, porque yo soy el primero.

[1]**bachí** *s* hermano mayor **Nijeni bachirúami ju, mapujítini bachá ochérami ju.** Yo soy el primogénito, porque nací primero.
 nijé bachirá mi hermano mayor

[2]**bachí** *s* calabaza
 bachí sihuará flor de calabaza

bachima *vt* rociar

bachirúami *adj* primogénito, hermano mayor

ba'hué *vi* hay agua **Echo'ná huabé huaquichéami ju, quetasi ba'hué.** Allí está muy seco, no hay agua. [*pret.*: **ba'huéari**; *fut.*: **ba'huérama**]

ba'huí *s* agua **Ba'huí túmani.** Voy a traer agua.
 ba'huí bají toma agua
 ba'huí huichírachi cascada
 ba'huí machina mana agua (*p.ej.: de manantial*)
 ba'huí ro'hué riega
 ba'huí tuma trae agua
 huasí ba'huira jugo de fruta

ba'huichí *vi* caer el sereno **Jipi ma bará ju. Sinibí rahué bi'yá hue ba'huichí.** Ahora es el tiempo de aguas. Todos los días, temprano, cae mucho sereno.

bahuirá *vt* herrar **Ma bahuirabo echi huáasi, mapujiti nijé bucura ju.** Ya vamos a herrar esa vaca, porque es mía.

ba'huira *s* jugo, caldo **Je'ná masana hue huaquichéami ju. Tasi te ba'huira.** Esta manzana está muy seca. No tiene jugo.
 masana ba'huira jugo de manzana

ba'huirá *vi* hacer caldo, echar agua a un líquido **Co'orí hue ba'huirari.** Echó mucha agua al esquiate.

baisá *adv* tercero

baisá macoy *adj* treinta

bajácami *pp* hinchado **Huarú bajácami ju ramichí; ne huabé ocorá.** Tengo muy hinchada la encía, porque la muela me duele mucho.

bají *vi* tomar, beber (*tesgüino, agua*) **Echo'ná huarú maní suguí. Ba'arí bajima huareco.** Allí hay mucho tesgüino. Tal vez van a tomar mañana. **Bajímani ba'huí.** Voy a tomar agua.

bajíami *s* curandero (*que toma tesgüino*)

bajíbachami *pp* hinchado por desnutrición **Echi tohuí bajíbachami ju. Ne buchuhuí bajínari.** Ese niño está hinchado por desnutrición. Se le hinchó todo el cuerpo.

bajichahua *vi* hacer norte (*viento frío del norte*)

bajicháhuari *s* norte (*viento frío del norte*) **Jipi ne huabé simírami ruráami icá. Hue bajicháhuari ju.** Ahora está muy helado el aire. Es un norte.

bajichi *s* pozo, ojo de agua, manantial **Chabénara huaminá huaquicheri echo'ná bajichi; chopi jipi auchecho cu bajítari mapujiti ma gará ucú.** Hace tiempo se secó allí donde salió agua; pero ya sale otra vez porque llueve bastante ahora.

bajíhuachi *s* tiempo de tomar tesgüino **Suguí bajíhuachi jaré rarámuri huabé nacohua.** Algunos tarahumaras pelean mucho cuando es tiempo de tomar tesgüino.

bajíhuami *adj* potable (*bebida*) **¿Acha bajíhuami ju?** ¿Se puede tomar? (*es potable*)
ba'huí bajíhuami agua potable

bajina *vi* hincharse **Hue ocorá ramichí, huarú bajínari nijé banarachi.** Me duele mucho la muela, y se me hinchó mucho la mejilla. [*pret.*: **bajínari**; *fut.*: **bajínama**]

bajira *vt* hacer tomar o beber **Nijeni quetasi naquiri bajínara, chopi jaré rijoy tamí bajírari.** Yo no quería tomar tesgüino, pero algunos hombres me hicieron tomarlo a la fuerza.

bajita *vi* salir agua [*pret.*: **bajítari**; *fut.*: **bajítama**]

bajuhua *vi* ir a la tesgüinada (*a tomar*) **Echi rijoy hue ra'iri suguí, echijiti ma simea bajuhua.** A ese hombre le gusta mucho el tesgüino; por eso se irá a la tesgüinada.

bajuré *vi* invitar a la casa o al trabajo (*a tomar tesgüino*) **Jaré rarámuri huicabé bajuresa nochara.** Algunos tarahumaras invitan a muchos a tomar tesgüino, pero los ponen a trabajar antes.

bajurí *s* nutria **Echi bajurí biré namuti ju, ri'ré ba'huichí iyénami.** La nutria es un animal que puede nadar en el agua.

bamiba *vi* hacer un año **Ma biré bamiba mapari mucuri nijé onorá.** Ya hace un año que murió mi papá.

bamíbari *s* año **Huicabé bamíbani.** Tengo muchos años.
chabé bamíbari el año pasado
chabé biquiyá bamíbari el año antepasado

baná *s* mejilla **Tamí banarachi cho'nari.** Me pegó en la mejilla.
banachí en la mejilla
nijé banará mi mejilla

banagá *s* lama, moho **Ba'huí hue banagué.** Hay mucha lama en el agua. **Jipi hue nirú banagá echo'ná comichi.** Ahora hay mucha lama allí, en el arroyo.
banagué *vi* hay lama

banásani *s Víbora venenosa de menos de un metro, un poco negra, que no tiene cascabel, y vive en la barranca.*

bané *vi* tener mejillas **O'huari banéami ju.** Tiene mejillas gordas.
banéami *pp* que tiene mejillas

ba'nésara *vi* gastarse la cobija

ba'nésuri *s* una cobija gastada **Nijé quimara ma ba'nésuri ju.** Mi cobija ya está gastada.

banihuá *s Cierta hierba que produce semillas manchadas de rojo y negro. Las muelen con agua y se ponen en una hueja cerca de la cruz cuando bailan matachines. Lo rocían sobre las chivas para curarlas, y para protegerlas contra las enfermedades.*

banihuí *vi* crecer larga y enredada (*mata*) **I'huéari banihuiri bachí.** Creció larga la mata de calabaza.

banira *vt* arrastrar, llevar (*jalando con mecate*) **Huíiga baníramani cahué.** Voy a llevar el caballo jalandolo. **Rojuá baníraga ipó achámani.** Arrastrando ramas de encino, voy a echarlas en el barbecho para quemarlas allí. [*pret.*: **banírari**; *fut.*: **banírama, banagá**]

banisú *vt* jalar (*estirando*) **Nijeni que omérari banisúhua echi cahué mapujiti hue aparú.** No pude jalar ese caballo, porque está muy bravo.

bapá *vt* apedrear

baquí *vi* entrar (*solo*) **Echi binériami ma baquiri pachá escuélachi, chopi echi jaré cúrohui que cho mo'huiri.** El maestro ya entró a la escuela; pero los niños no han entrado todavía. [*fut.*: **baquiméa**; *pl.*: **mo'huí**]

baquirini *s* padrino, madrina **Echi rijoy nijé baquirínahuara ju. Échico tamí rihuarari.** Ese hombre es mi padrino. Él me puso mi nombre.

nijé baquirínahuara mi padrino, mi madrina

bará *s* el tiempo de lluvias **Jipi ma bará ju; hue nirú pachí.** Ya es tiempo de lluvias; hay muchos elotes. **Que 'me ayó barásama.** Pronto llegará el tiempo de lluvias.

baraché *vi* tener sed

ba'raguéchuri *s* huérfano

barami *vi* tener sed **Huabeni barami, mapujiti quetasi te ba'huí.** Tengo mucha sed, porque no hay agua. [*fut.*: **barámama**]

barasa *vi* llegar el tiempo de lluvias

baré *s* cura

barí *s* quiote **Urí nirúami barí o'huari ju.** El quiote del maguey de la barranca está muy grande.

me barirá quiote de maguey

barí sihuará la flor de maguey

barosi *adj* pardo

basá *vt* apedrear **Tamí basari.** Me apedreó. **Basáqueni.** Le dí una pedrada.

basagá pegándole con piedras

basachí *s* coyote **Ma hui'rique chona, basachí tamí iquímiré.** Ya está muy obscuro; me puede morder el coyote.

basachí huichira piel de coyote

basaroa *vi* pasear

basi *s* taza, vaso

basiahui *s* triguillo (*la semilla con que hacen fermentar el tesgüino*) **Echi jaré rarámuri basiahui usuga napabú, echi suguí nasóhuaga nihuabia.** Los tarahumaras juntan triguillo arrancándolo y lo mezclan para hacer el tesgüino.

basibú *vt* apedrear **Riteti basibubo.** Vamos a apedrearle.

basibúrami *pp* apedreado

[1]**basigó** *vi* lavarse (*la cara*) **¡Hue ochoréami jumi; gará basigó!** ¡Estás muy mugroso; lávate bien la cara!

basigora *vt* le lava la cara

[2]**basigó** *s* hierba que sirve para calmar el dolor de muelas

basigochi *s* lugar donde crece **basigó.**

[1]**basoná** *s* pato **Echo'ná hui'ré ba'huichí hue 'yena basoná.** Allí donde está ancho el agua están los patos.

[2]**basoná** *vt* derretir **Ma quetasi te ba'huí, quiparí basunabo.** Ya no tenemos agua; vamos a derretir nieve.

basori *s* pozole (*frijol cocido con nixtamal*)

basú *vi* 1. cocer, hervir **Muní basúmani.** Voy a cocer frijol. 2. derretir **Ma cu basuri quiparí.** Ya se derritió la nieve.

basuná lo derrite

batagá *s Mata de la barranca que produce las semillas que usan para hacer soguillas.*

batárahua *vi* tener tesgüino (*en su casa*)
batari *s* tesgüino **Batari bajíboruhua.** Dicen que van a tomar tesgüino.
[1]**batú** *s* mapache (*mamífero*)
[2]**batú** *vt* moler (*en metate*) **Matachí batúmani.** Voy a moler en el metate.
batusí *s* masa **A nirú batusí mapu rimé nihuabo.** Hay masa para que hagamos tortillas.
bayé *vi* llamar **Nijeni naquiri bayéranara.** Yo quería llamarle.
bayérami *pp* llamado; invitado
bayeba *vt* guiar, llevar
bayena *s* sanguijuela **Maparí cúrohui ba'huichí 'yena, echi bayena hue uchupa echi cúrohui ronórachi.** Cuando los muchachos andan en el agua, las sanguijuelas les chupan en los pies.
bayera *vt* invitar
ba'yó *vi* parecer bonito, estar bonito **Hue ba'yó je'ná.** Esto está muy bonito. **Hue ba'yórarini sihuáchari.** Me parecieron bonitas las flores.
ba'yóami *adj* bello, chulo, hermoso, lindo, bonito
ba'yora *vt* hacer bonito
ba'yórata *vt* adornar [*fut.*: **ba'yóratama**]
ba'yori *vi* gustar (*una cosa*)
bicá *vi* pudrir **Ma biquiyari bachí.** Ya se pudrió la calabaza. **Chabé mucuri burito; ma huaminá biquiyari.** Hace días que se murió el burro; ya se pudrió. [*pret.*: **biquiyari**; *fut.*: **bicamea**; *pp.*: **bicáami**]
bicáami podrido
bicajuca *vi* oler mal **Hue cha bicajuca.** Huele muy mal.
bicamú *vi* salir pus **Hue cháanari; ma bicamuri.** Se infectó; ya salió pus.
bicaná *adv* en tres partes
bichabú *vt* capar (*animal*) **Toro bachabubo.** Vamos a capar a un toro.
biché: ari biché entonces, y
bichí *vi* raspar, quitar la piel **Buhuichí i'mérini; hui'ré bichírini ronochí.** Me caí en el camino; me raspé mucho (*a lo largo*) la pierna.
bichihuá *s* verdad **A bichihuá ju mapu ma nochama molinchi.** Es verdad que ya van a trabajar en el molino.
bichíhuaga ané jurar, prometer [*fut.*: **bichíhuaga animea**]
bichíhuaga aní afirmar, comprometer
bichíhuami *adj* verdadero
bichíhuari 1. *s* la verdad 2. *adv* cierto, verdad
bichíi *vi* creer
bichíirata *vt* convencer, dar fe
bichina *vt* quitar (*la cáscara*), pelar, deshojar (*mazorca*) [*fut.*: **bichinama**]
bisú *vt* despellejar
bichiri *vi pret* se le hizo una matadura en el lomo del animal
bichíyami *s* creyente
bihuá *vi* estar duro **Ocuá tarari jonsa quetasi ucuri, echijiti hue bihuá huasarahua.** Desde hace dos semanas no ha llovido, por eso está muy dura (*la tierra*) para barbechar. [*pret.*: **bihuáari**; *fut.*: **bihuama**]
bi'huá *vt* limpiar **Sipée huabé napisóami ju. ¡Gará cu bi'huá!** El espejo tiene mucho polvo. ¡Límpialo bien!
bihuachébana *vt* endurecer **Ma bihuacheri bachí.** Ya se endurecieron las calabazas. **Jena'í ri'narátachi quetasi bihuárachi ju, gará bihuachébanabo, cusí chípérami jiti.** Aquí, el patio no

está duro. Vamos a endurecerlo con un palo ancho.
bihuaché *vi* endurecerse
bihuara *vt* hacer duro
bihuará *vi* endurecerse
bihuárami *adv* duro
bi'huí *vi* limpiarse, volverse blanco **Jabón jiti huichogá, gará bi'huimea.** Lavándolo con jabón, se limpiará bien. **¿Acha gará bi'huiri huichohua?** ¿Se limpió bien al lavarlo?
bi'huíami *adj* claro, limpio
bi'líami *pp* chueco, torcido
bi'lícami *pp* que ha sido torcido
bilini *s* fierro (*de lumbre*) **Echi rijoy gará machí na'ayá bilini, sorá yuhua.** Ese hombre sabe hacer lumbre con un fierro y yesca.
bimó *s* neblina, polvo
bimoré *vi* haber neblina, haber polvo, haber humo **Jipi rahué biyá hue bimoréari, nijeni mayé mapu quetasi ucumea.** Hoy, temprano, había mucha neblina; creo que no va a llover. [*pret.*: **bimoréari**; *fut.*: **bimorema**]
bimoréami que hay neblina
bimorí *s* niebla, polvo
bimorítari en la niebla
biné *vi* aprender, estudiar **Chabé nijeni bineri oserí 'nénia.** Hace tiempo aprendí a leer.
binéami *s* el que aprende, discípulo
bi'nera *vi* apartarse solo
binera *vt* 1. enseñar, instruir **Nijé onorá tamí binérari.** Mi padre me enseñó.
2. amansar [*pp.*: **binératami**]
bi'nérahua *vt* apartar solo
bi'neri *adv* solo **Bi'neri cu simiri; que huesi yuhua simiri.** Se fue solo; nadie iba con él. *Véase* **a'huínari**
binériami *s* maestro, el que enseña
bi'néripi *adj* único
biní *s* hermana menor (*de mujer*)
queni biní mi hermana menor (*de mujer*)
nijé binirá mi hermana menor (*de mujer*)
binorí *s* anzuelo **Nijeni simiri echo'ná tu comichi, biré táa binorica.** Fui por abajo, en el arroyo, llevando un anzuelo.
binoy *pron* él, ella, él mismo
nijé binoy yo mismo
mujé binoy tú mismo
biquiyá *adj* tres
biré *adj* uno
biré ciento cien
biré macori un puñado de maíz
biréana *adv* en una sola parte **Biréana ichárini.** Sembré en una sola parte. **Ma quetasi te na'ibi; auché biréana simiri.** Ya no está aquí; se fue a otra parte.
auché biréana en otra parte, en alguna parte
biréana burí una yunta (*de bueyes*)
biréana busugachi tuerto
biréana huabé rocóhuachi charco
biréana ipó ichihuáami milpa
biréana sobácohuachi atascadero
biréanomí una parte (*desconocida*), alguna parte **Biréanomí siméani.** Voy a alguna parte.
birénapi *adv* en una sola parte **Birénapi nochabo.** Vamos a trabajar en una sola parte.
birepi *adv* sólo uno **¿Chu quipi rijoy siri? Birepi nahuari.** ¿Cuántos hombres vinieron? Llegó sólo uno.
birétari *s* alguien
bi'rí *vi* torcerse **Ma bi'riri tabla.** Ya se torció la tabla.
birichí *vi* encender lumbre con pedernal
birina *s* pedernal

bi'rina *vt* torcer, exprimir **Huíi bi'rinabo.** Vamos a hacer (*torcer*) un mecate. **Bo'osari bi'rinabo.** Vamos a hacer hilo (*torciendo la lana*). [*fut.*: **bi'rinama**]
bi'riná torcer, dar vueltas (*a alguna cosa*)
bisiruta *vt* rasparse
bisó *vi* salir pus
bisoná, bisonta *vt* hacer salir pus
bisú *vt* despellejar **Maparí mi mi'risá echi huáasi, hue yáati bisubo.** Ya matando esa vaca, inmediatamente vamos a despellejarla.
[1]**bité** *vi sing* habitar, morar, vivir **¿Cumi bité?** ¿Dónde vives? **Echo'ná basigóchini bité.** Vivo allí, en Basigochi. [*pret.*: **bitéeri**; *fut.*: **bitérama**; *pl.*: **piré**]
[2]**bité** *vi* estar pesado **Ne huabé bité, quetásini omero o'huicha.** Está muy pesado. No puedo levantarlo. [*pret.*: **bitéari**; *fut.*: **bitítama**]
bitéami *adj sing* morador, que vive **Echi rijoy jena'í samichí bitéami ju.** Ese hombre vive aquí en Samachique. **Huanihuí jena'í piréami napahuima.** Pasado mañana se juntarán los que viven aquí. [*pl.*: **piréami**]
biteba *vi* pasar la noche, pernoctar **Echo'ná cahuichí bitébari.** Allí, en el campo, pasó la noche. [*fut.*: **bitebama**] *Véase* **chi'reba**
bitechi *s* casa
nijé bitérachi mi casa
queni bitechi mi casa
bití *vi pl* estár acostados (*varios*) **Ri'ré huichí bitiri.** Se acostaron en la tierra. **Hui'rique rocogó bitíbari cochiboa.** Ya muy de noche se acostaron a dormir. [*sing.*: **bu'huí**; *fut.*: **bitimea**]
bitibama se acostarán
bitisí ¡Acuéstense!
bitiba *vi* echarse (*animales*), están acostándose
bitichí *s* casa, habitación **Echo'ná bitichí iyénasí simiri.** Iba hacia la casa.
bitira *vi* andar (*como borracho*)
capilata bitira se revuelve (*el caballo*)
bitíra echarse (*de un lado al otro*)
bitórata *vt* hacer cajetes
bitori *s* cajete, plato, cazuela
bitórachi en el cajete
bi'yá *adv* temprano
bi'yá rocogó en la madrugada
bi'yá chónachi temprano (*todavía está obscuro*)
bi'yábijí hoy temprano (*todavía*)
bi'yá chi'rásiachi madrugada
bocohuí *vi* ocultarse, ponerse el sol **Ma bocohuiri rayénari.** Ya se puso el sol.
bocuírachi *s* cascada, salto de agua
bocháami *pp* preñada, encinta
bo'huá *s* oveja, borrego
bo'huá bo'huara lana de borrego
bo'hué *vi* tener lana, pelo **Hue bo'huéami ju echi bo'huá, ma siquiboa.** Tiene mucha lana ese borrego; vamos a trasquilarlo. [*pp.*: **bo'huéami**]
bo'huí *vi* postrarse
bóisi *s* buey [*pl.*: **ibóisi**]
bojoní *vi* pasar a pie al otro lado del agua, vadear **Maparí huabé bu'huíbari ba'huí, nijeni arigá bojoniri.** Cuando estaba muy crecida el agua, yo siempre pasaba al otro lado vadeando.
bo'ná *vt* arrancar, desherbar **O'huari ochérari mocuásari, ma cáraga bo'niboa.** Creció mucho la hierba, ya vamos a arrancarla. [*fut.*: **bo'nomea**]
bo'nisí ¡Arráncalos!

boní *s* hermano menor **Queni boní cu simiri, chopi nijé binirá abijí atí.** Mi hermano menor se fue, pero mi hermana menor todavía está aquí.
nijé bonirá mi hermano menor
bonirúami *s* hermano menor **Bonirúami ju.** Él es el hermano menor.
bonorí *s* anzuelo
bo'ó *s* la otra banda (*del arroyo*)
bo'ora a la otra banda (*un poco arriba*)
bo'obú *vt* desplumar
bo'ona *adv* a la otra banda
bo'onata a la otra banda (*en bordo plano*)
bo'orá *vt* producir lana
bo'orusa *vi* caer el pelo (*a los animales*)
bo'osari *s* lana
bo'osari cabori una bola de lana (*para hacer cobijas*)
bo'osari bi'rina hace hilo de lana
bo'osari rajana carda la lana
boquírachi *s* salto de agua
boriba *vi* correr el agua (*en una corriente*) **Maparí huarú bu'huíbari ba'huí, ne huabé boríbari.** Cuando creció mucho el arroyo, corrió mucha agua.
borogá *pp* amarrado **Huíiti borogá cu tori.** Amarrado con mecate, lo llevó. **Borogá tobóa.** Vamos a llevarlo amarrado. *Véase* **buré**
bosá *vi sing* llenarse, hartarse, (*comiendo*) **Huarúni bosari mapujiti huarú co'huari rimé.** Me llené, porque comí muchas tortillas. [*pl.*: **posá**]
bosahua *vi* llenarse
bosasa riruta *vi* eructar
bosohuá *vi* estar lleno **Mani gará bosohuá.** Ya estoy bien lleno (*satisfecho*).
botá *vi* 1. soltarse
2. desatarse
botana *vt* soltar, desamarrar, desatar [*fut.*: **botonama**]
botobú *vt* hundir, sumergir **Ba'huichí botuburi.** Lo hundió en el agua.
botuhuí *vi* hundirse, zambullir **Cara botohuiri.** Se hundió completamente. **Chótari botuhuísiya.** Comenzaron a hundirse.
bucura *adj* poseedor (*de un animal*) **Nijé bucura cahué ju.** Es mi caballo. **¿Chigá bucura ju?** ¿Quién es el dueño? (*del animal*)
si'nu bucura bestia ajena
bucurí *adv* hace poco, nuevamente, hace rato **Bucurí cu nahuari.** Hace poco volvió.
bucuripi hace poquito, hace ratito
bucurí nihuá renueva
bucurí nihuárami recién hecho
bucurí simíri apenas salió
buchí *vi* contener **Ocuá litro buchí.** Contiene dos litros.
buchíami *adj* lleno
buchihua *vt* llenar **Mani buchíhuari.** Ya lo llené.
bucuríhuami *adj* nuevo, fresco **Bucuríhuami cu nihuari.** Lo hizo de nuevo.
buchuhuí 1. *vi* estar lleno **Ne buchuhuí ju.** Está lleno.
2. *adv* completamente
buchuhuí ratáraga nayuri enfermarse con mucha calentura
buchuhuíana *adv* en todas partes
[1]**buhué** *vt* esperar **Echo'ná buhuichí nijeni mi buhuema.** Allá, en el camino, te voy a esperar.
buhuesi *imper pl* ¡Espérense!
[2]**buhué** *s* camino
nijé buhuirá mi camino
bu'huí *vi* acostarse (*solo*) **Hui'rique rocogó ju; ma bu'huíbari.** Es muy

noche; ya se acostó. **Pachá carírari bu'huí.** Está acostado adentro de la casa. [*pl.*: **bití**; *fut.*: **bu'huimea, bu'huibama**]

buhuichí en el camino **Buhuichí bu'huíbari biré ocó huaquichéami.** Se cayó un pino seco en el camino.

bu'huiba *vi* 1. acostarse, caerse al suelo
2. echarse (*un animal*)
3. derribarse (*persona*) [*fut.*: **bu'huibama**]

buhuigá *vi* estar esperando **Pachá buhuigá muchiri.** Adentro estaban sentados, esperando.

bu'huírasama *vi* tambalearse

bujé *vi* cobrar, quitar algo, multar **Tamí bujeri macoy peso.** Me cobró diez pesos.

buná *vi* 1. agacharse
2. inclinarse

bunahua *vt* ladear, agachar, inclinar

buqué *vi sing* tener, poseer (*animal*) **Nijeni buqué biré huáasi.** Yo tengo sóla una vaca. [*pl.*: **pugué**]
nijé bucura huáasi mi vaca
nijé pugura huáasi mis vacas

burá *vt* hacer camino **Pe huaminánomí ne huarú burama jena'í.** Poco más allá van a hacer un camino grande.

buré *vi* amarrar **Sonó burebo.** Vamos a amarrar manojos de rastrojo. [*fut.*: **buréma**]
borogá amarrado

bureri *s* manojo

burí *s* yunta
biréana burí una yunta (*de bueyes*)

burira *vt* llevar preso [*pp.*: **burírahuami**]

burito *s* burro

burú *vi* estar el camino (*hacia el lugar mencionado*) **¿Cum burú?** ¿Dónde está el camino? **¿Cum burú Samichí?** ¿Donde está el camino hacia Samachique? [*pret.*: **burúuri**]

burusáagá *condicional* si le amarran

burúuri [*pretérito de* **burú**] había camino **Chabé echo'ná burúuri.** Hace mucho había un camino allí.

busá *vi* despertarse **Bi'yá bijini busureri.** Muy temprano desperté. **Ba'arí bi'yá nimí busurébanama.** Mañana temprano te voy a despertar. [*pret.*: **busuré**; *fut.*: **busuméa**]

busé *vi* tener ojos

busí *s* ojo

busugachi *s* ciego (*Una persona a quien se le acabó completamente la vista.*

busurébana *vt* despertar

butuhuí *vi* hundirse
butuhuisa simí nadar debajo del agua

[1]**buyana** *vi pl* salir (*animales del corral*) [*pret.*: **buyánari**]

[2]**buyana** enfermar (*de viruela*)

C

[1]**ca** *vi* 1. llevar (*en la mano*) **Ripiyá ca simiri.** Se fue llevando un cuchillo.
2. traer **Cusí ca nahuari.** Llegó trayendo un palo. [*pp*: **cami**]

[2]**ca** *vi* hacer sombra **Mujemi hue nayurú; nijeni cábatama.** Tú estás muy enfermo; te voy a hacer sombra.
cárari *s* sombra

cáachi *vi* ser **Nijeni pe táa cáachi níiri.** Yo era un poco chico. **Ma**

ochérami cáachi mucumea. Ya que sea viejo, morirá.
siné cáachi en otra ocasión, tal vez
táa cáachi siendo chico
caba *vi* estar bajo a la sombra **Nijeni echo'ná ri'ré pachá cábama.** Voy a estar allí, a la sombra.
cabí *vt* enrollar **¡Oserí cabí!** ¡Enrolla el papel!
biré cabítami un rollo largo, una pieza entera de manta
cabita *vi* rodarse (*una cosa larga*)
cabítana *vt* rodar, envolver
cabó *vt* enrollar en una bola (*mecate*) **Mani cu cabori huiya.** Ya enrollé el mecate.
cabóchuhua *s* pantorrilla
nijé cabóchara mi pantorrilla
cabóochi *s* 1. músculo (*de la pierna o del brazo*)
2. en la pantorilla
cabora *vi pl* ser esféricos [*sing.*: **capora**]
cabórami esféricos
cabósari *s* tecolote blanco (*ave tamaño mediano*), búho chico
cabú *adv* ¿cuándo? **¿Cabú cu nahuari?** ¿Cuándo viniste?
quiríbuco *adv* ¿cuándo?
cachagá *s* cadera
[1]**cachí** *vi* escupir **Ne huabé huaquicheri tambore. Gará níima cachípasa.** El tambor se secó; sería bueno escupirlo.
cachipo vamos a escupir
cachipa *vi* le escupe
[2]**cachí** *vi pl* reírse
cachígachi *s* cadera **Hue ocó nijé cachigárachi.** Me duele mucho una cadera.
nijé cachigara mi cadera
nijé cachigárachi en mi cadera
cachú *vi* arrugarse **Chabeni rarari je'ná coyacha; ma cáraga cachuri.** Hace tiempo compré este sombrero; ya se arrugó completamente. [*pret*: **cachuri**]
cachuna *vt* arrugar [*pret*: **cachúnari**; *pp.*: **cachúami**]
ca'huá *vt* poner huevos **Jipi quetasi te ca'huara, echi torí quetasi ca'huá.** Ahora no hay huevos; las gallinas no ponen. [*fut.*: **ca'huaméa**]
torí ca'huara *s* huevos de gallina
cahué *s* caballo
cahué acará herradura
cahué buquéami dueño del caballo
cahué cho'orá el hocico del caballo
cahué huasira la cola del caballo
cahué muquira yegua
cahué ropara vientre del caballo
ca'hué *vi* tener liendres **Hue ca'huéami ju mo'ochí.** Tiene muchas liendres en la cabeza. [*pret.*: **ca'huéari**; *fut.*: **ca'huérama**]
cahuera *vt* menospreciar, despreciar **Echi rijoy quetasi tamí garé; chopi tamí cahuera.** Ese hombre no me ama; solamente me desprecia.
[1]**cahuí** *s* monte, terreno, tierra, campo, mundo **¿Quecha mi cahuíi mapo'nami ichiméa?** ¿No tienes tierra donde puedas sembrar?
cahuí ichihuáami tierra de cultivo
cahuí pátami herencia de terrenos
cahuíi *vi* tener tierra
cahuichí en el monte
jena'í cahuírari este lugar
nijé cahuíhuarachi mi tierra
[2]**cahuí** *vi* aclarar (*desaparecer las nubes*) **Ma cu cahuiri norí.** Ya se desaparecieron las nubes. **Cahuí simí.** Está aclarando.
cahuíami *adj* claro, limpio, sereno (*el cielo*)
cahuíchari *s* piña de pino

ocó cahuíchara piña de la clase de pino que llaman **ocó**
huiyó cahuíchara piña grande de la clase de pino que llaman **huiyó**

cahuisori *s* cobija *Véase* **quimá**

cajé *s* café
cajé rachirá heces del café

cajera *s* cáscara delgada, vaina
bachí cajera cáscara de calabaza
masana cajera cáscara de manzana
muní cajera vaina de frijol
narasi cajera cáscara de naranja
ocó cajera cáscara de pino

cajuí *vi* derribarse (*una trinchera*) [*fut.*: **cajuima**]

cajuina *vt* derribar

ca'marota *vi* ampollarse **Hue nóchari nijé ocó mitée; ma ca'marótari sicachí.** Trabajé mucho tumbando pinos; ya se ampollaron mis manos.

cameri *vi fut* ser bueno **Que simisá cameri.** Sería bueno que no fuera.

ca'mí *vi* caerse (*un poste o un pino*) **Ca'mí aquibi.** Se cayó.

camí *vi* encarrujarse, torcerse **Ma camiri pelota; auchéchoco upúchamani.** Ya se encarrujó la pelota; voy a echarle aire. **Echo'ná rayénarachi huaminá camiri oserí.** Se encarrujó el papel por el sol.
caminí está encarrujándose
camíami encarrujado, aplastado

cami *adj* extraordinario

ca'mina *vt* tumbar [*fut.*: **ca'minama**]

camina *vt* apretar, estrangular (*con las manos*)

ca'mocha *vi* hincharse la cara
banachí ca'móchari se le hinchó la mejilla

ca'moché *vi* taparse la garganta (*cuando se come algo seco*)

campori *s* tambor (*se usa en la Semana Santa*) **Huicabé campori anini.** Se oyen muchos tambores.

ca'muchí *vi* maíz para hacer palomitas

ca'muchita *vt* hacer palomitas (*tostando el maíz*)

canajeca simí *vi* flotar

canápuromí *adv* en muchas partes, en dondequiera **Canápuromí piréami cúrohui ma gará machí oserí 'néniya.** Los niños de muchas partes ya saben leer.

cánari *s* guacamaya, perico **Ma 'ne cuhuésachi, hue 'yena echi cánari.** En la primavera hay (*andan*) muchas guacamayas.

canira *vi* alegrarse, complacerse

canírata *vt* complacer, contentar, regocijar

caniri *vi* estar contento, estar feliz [*pret*: **caníiri**; *fut.*: **canírama**]
caníriga con mucho gusto
canírini me dio gusto

ca'ó *adv* arriba por el arroyo **Mi ca'ónani bité.** Vivo arriba, por el arroyo. **Ca'ona na'rí ju.** Es para arriba, en el arroyo.
ca'ona para arriba en el arroyo

capaneri *s* campana

capilata *vi* rodarse (*una cosa larga, como un tronco*)

capira *vi* estar cilíndrico

capírahua *vt* hacer cilíndrico [*pret*: **capíranari**; *fut.*: **capíranama**]
capíiri se hizo cilíndrico

capírami *adj* cilíndrico

capirátana *vt* hacer rodar (*una cosa larga, como un tronco*)
capirata simí rueda un trozo

capitani *s* capitán
queni capitánahua mi capitán
nijé capitánahuara mi capitán

capó *vi* 1. quebrarse (*una cosa larga*) 2. inflarse

capona *vt* 1. quebrar
2. desgajar
3. inflar
capora *vi sing* ser esférico **Que 'me capórami ju comácari.** No está muy esférica la bola de madera. [*pl*: **cabora**]
capórami *adj* esférico
capórahua *vt* hacer esférico
capórana hacerse una bola
caposí *s* chilicote (*un árbol de barranca que tiene semillas rojas, se piensa que son venenosas*)
capota *vi* inflarse, hincharse (*tortilla*)
capótami *adj* inflado, hinchado
cara *adv* completamente **Cara mojuánari.** La quebró en pedazos completamente. (*una olla*)
cara chaquena a'huasá desbaratar
cara mojuana desmoronar
cárabá por nada
carabina *s esp* arma, rifle
cáraca *adv* 1. completamente **¡Cáraca mojoná!** ¡Quiébralo completamente!
2. de todas clases **Cáraca níhuani.** Tengo de todas clases.
ca'rara *vt* mejorar *Véase* **a'lara**
cárari *s* sombra **Ri'ré pachá masántari cárari bu'huiri.** Debajo del manzano hay sombra.
[1]**caré** *vi* parecerse **Ne gará chabochi carihuérama.** Va a parecerse a los mestizos. [*pret*: **carihuéari**; *fut.*: **carihuérama**]
[2]**caré** *vt* amar, tener cariño **Echi tohuí ne huabé caré binoy iyera.** Ese niño ama mucho a su mamá. *Véase* **garé**
carigá amándole
carécahuami *pp, adj* amado
caréami *adj* amable
ca'rí *vi* quebrarse (*un palo*) **Ripurá cusirá ma ca'riri.** El mango del hacha ya se quebró.
ca'riní está quebrándose
carí *s* casa
nijé carira mi casa
carí níhuami amo de la casa
carírari en la casa, entre las casas
carichí en la casa
cari ju es todo, está completo
carihua *vi* tener casa [*pret*: **caríiri**; *pp.*: **caríhuami**; *fut.*: **caríima**]
carihué *vt* 1. arreglar
2. alzar
carihuérami listo, arreglado
ca'rina *vt* quebrar
ca'rígami *pp* quebrado
ca'riná *imper* ¡Quiébralo!
carirá *vt* hacer o construir una casa
carisí *s* tipo de calabacilla (*planta*)
[1]**carú** *vt* llevar en la espalda (*un niño*)
caruta *vt* llevar (*abrazado o en la espalda*), cuidar (*un niño*)
[2]**carú** *adv* de otro modo **Carú ané.** Habla chistoso, habla malas cosas. **Hue carúsahua aníami ju.** Habla chistoso para que los otros se rían.
caruchi *s esp* carrete (*de hilo de algodón*)
carúmati *adj* de todas clases
carúmati namuti cosas de todas clases
carúsuhua ané chancear, charlar
casabi *s* capulín (*arbusto o árbol*)
casará *s* zacate, hierba del campo, pasto
casaréachi donde hay zacate
casarátari en el zacate
casaré *vi* haber zacate
casé: que casé ninguna parte **Que casé siméani.** No iré a ninguna parte.
[1]**casí** *vi* quebrarse, hacerse pedazos
[2]**casí** *s* pierna, muslo
nijé casira mi pierna
casichí en la pierna
casibacha *s* pantalón, calzones

casibáchami que lleva pantalones
casimóbachi en el regazo
casimochi *s, adj* cojo, rengo, sin pierna
casina *vt* quebrar [*pp.*: **casíami**]
casó *s* ubre
castigo 'ya *vi* dar castigo
casú *vi* bajarse (*del monte, el sol un poco*)
casuhua *vt* limpiar (*frijol o grano seco*)
casuna *vt* bajar del monte [*fut.*: **casunama**]
catá *s* arco
catehua *vt* 1. alzar 2. guardar [*fut.*: **catihuama**]
catehuárami *adj* alzado
cayaga asíbari *vi pret* sentarse en cuclillas
cayahui *vt* levantar
cajón cayahui levantar la caja (*para volver a ponerla en el mismo lugar*), levantar (*maíz*)
ca'yé *adv* donde se llega después de atravesar varios arroyos
ca'yena por el faldeo
cayena *vt* 1. terminar, levantar **¿Macha mi cayénari carí nihuayá?** ¿Ya acabaste de levantar la casa? 2. cosechar **Jipi bamíbari gará cayenama sunú.** Este año se levantará (*cosechará*) bien el maíz.
ca'yénahua *vt* atravesar, poner atravesado
[1]**co** *vi* ser (*Cuando uno dice:* **Echirigá ju.** Así es. *El otro contesta:* **Echirigá co.** Así es.)
[2]**co** *vi* picar (*chile*) **Echi co'huáami huabé cóori.** Esa comida estaba muy picante. [*pret*: **cóori**; *fut.*: **córama**]
cóami *adj* picante
cobá *vi* enchilar (*comiendo chile*) **Nijeni cobari, corí co'yá.** Me enchilé, porque comí chile.
cobata *vt* enchilar a otra persona (*dándole chile*)
cobí *vi* comer pinole seco **Jena'í buhuechí pée cobímani, mapujiti tasi te ba'huí.** Aquí en el camino voy a comer un poco de pinole seco porque no hay agua.
cobira *vi* hacer pinole **Echi muquí pe ocuáa cobírama.** Esa mujer va a hacer un poco de pinole.
cobisi *s* pinole
coché *vi* ahogarse (*por alguna cosa en la garganta*) **Nijeni cocheri, biré ochirá jiti.** Me ahogaba con un hueso.
[1]**cochí** *s* perro **Hue jo cochí na'ibi.** Hay muchos perros aquí.
cochí huarira rabo del perro
cochí sutura pesuñas del perro
cochí yóchani el perro gruñe
[2]**cochí** *s* hermana mayor
nijé cochirá mi hermana mayor
cochirúami *pp* que es la hermana mayor
[3]**cochí** *vi sing* dormir **Cochisáa gará níima.** Sería bueno dormir. [*pp.*: **cochíami**; *pl*: **ocochi**]
cochi, cohuí *s esp* marrano
cochinari *vi* tener sueño, querer dormir
cochírahua *s* ceja
nijé cochírahuara mis cejas
cochírata *vt* adormecer, hacer dormir
cohua *vt* dar de comer **Que cóhuasa mi'lomiré.** Si no se les da de comer, se van a desmayar. **Rimé cóhuari, muní yuhua.** Le dio de comer tortillas con frijoles.
co'huá *vi* comer [*pret.*: **co'huari**; *fut.*: **copoa, co'mea**; *pp.*: **co'huéami**]
cosá habiendo comido
co'huáhuachi en el tiempo de comer
cosísiya a comer
co'huáami *s* alimento, comida

[1]**cohuara** [*variante de* **corá**] frente
cohuárachi si'rúami frente arrugada
nijé cohuara mi frente
nijé cohuárachi en mi frente
[2]**cohuara** *s* cuajo (*lo que se echa a la leche para hacer queso*)
cohuata *s* escarpadura (*la orilla de una meseta elevada*), cumbre
co'huéami *s* comilón
co'hué *vi* comer mucho
[1]**cohuí** *s* (*Pamachi*) marrano *Véase* **cochi**
[2]**cohuí** *s* la flor de encino **Rojuá hue cohuíhuami ju.** El encino está florido.
co'huí *vt pl* matar, asesinar
co'huínari quería matarlos
júuri co'huínara mandó matarlos
co'huirúami *s pl* asesinados, matados
cojita *vi* abotonar (*flor*)
cojuana *vt* estar cortando (*elotes, mazorcas*)
colimena *s* miel de colmena, enjambre
comácari *s* bola (*hecha de madera con que corren en las carreras*) **Ma chótari rarajipa comácari jiti.** Ya comenzaron a correr con la bola.
comera *vt* rozar la tierra
comí *vi* 1. estar bajo
2. hacer arroyo
comita se hace un arroyo (*por la acción del agua*)
comíami *pp* cóncavo, alabeado **Echi batéa nihuarihua mapurigá comíami níima.** La batea está hecha cóncava.
comichi *s* arroyo
comítana *vt* hacer como arroyo, hacer cóncavo **Ba'huí ma comítanari na'í.** El agua ya hizo un arroyo aquí. [*pp*: **comíami**]
comítami hecho cóncavo
comósami *adj* pardo
comósohua *vi* ser pardo
comurachi *s* cárcel, casa de la comunidad
[1]**co'ná** *adv* cuesta abajo
co'nana *adv* por cuesta abajo
[2]**co'ná** *s* olote (*de la mazorca*) **Jena'í huicá bití co'naca.** Aquí hay muchos olotes.
[1]**coná** *vt* tostar **Rimé conama.** Va a tostar tortillas.
[2]**coná** *s* sal **Coná rariméani.** Voy a comprar sal.
conahua *vi* tener sal
cónahua *vt* donar, regalar [*fut.*: **cónama**]
cónami el que dona (*comida*)
co'nari *vi* tener ganas de comer
co'néami *adj* no desgranado (*mazorca de maíz p.ej.*: **sunú co'néami** mazorcas no desgranadas)
conomí *s* arco iris **Jaré rarámuri hue majahuá maparí johui, sicá jiti, echi conomí.** Algunos tarahumaras tienen miedo cuando alguien apunta con la mano al arco iris. (*Cuando esto sucede, tienen la costumbre de hacer el ademán de cortar el arco con un machete, para que no se acerque.*)
cóo *vt* dar de comer
co'orá *vt* hacer esquiate **Echi muquí co'orama.** Esa mujer va a hacer esquiate.
co'orí *s* esquiate (*reg.*), pinole (*maíz tostado, molido, con agua*)
cóora *vi* *Visitar las casas con la idea de recibir algo de comida.* **Cosí mapuyíripitamo cóorahua.** Comen todo lo que les dan.
cora *vt* obsequiar
[1]**corá** *s* peña
[2]**corá, cohuara** *s* frente **Corá chihuiri.** Me pegué en la frente. **Tamí corá chihuari.** Me pegaron en la frente.
coráachi 1. *s* un cerro despeñadero

2. *adv* en el cerro, en la peña
coraca *vi* ser amargo (*picante como la cal*)
corácami *adv* amargo **¿Piri huaminá auché namuti corácami ju mapurigá je'ná?** ¿Qué otra cosa es amarga como esta?
corachi *s* cuervo **Echi corachi hue chigora sunú ichirúami.** Los cuervos roban mucho el maíz sembrado.
corara *vi* parecer amargo **¿Acha corara?** ¿Le parece amargo?
[1]**corí** *s* chile
síbori *s* chile piquín
ibócari *s* chile colorado grande y seco
[2]**corí** *adv* otro lado del cerro
corina por el otro lado
corí cuhuana atrás del cerro, al otro lado
córima 1. *vt* regalar **¡Córima rimé!** ¡Déme unas tortillas!
2. *vt* visitar las casas (*con la esperanza de recibir algo*)
3. *s* obsequio
córima 'ya *vt* obsequiar, regalar
corimena *s* miel de abejas
corina *adv* al otro lado
coró *s* zopilote pinto, rayado
corochi *s* saltamontes
corogá *s* collar, soguilla con crucifijo
corú *vt* codiciar, desear mucho **¿Piri corú?** ¿Qué desea? **Cochí rimé corú.** El perro desea las tortillas.
corúcami *adj* envidioso, codicioso
cosari *s* 1. un palo podrido
2. madera fofa seca
cosata *vi* pudrirse (*madera*)
coséhuari *s* gorgojo (*come la lana de las cobijas*), termita
cosibé *vt* poner banca (*para sentarse*)
cosibera 1. *s* banquillo **Asagá cosebeca biré cosibera.** Siéntate en una banca.
2. *vi* tener un banquillo
cosísiya a comer **Chotama cosísiya.** Comenzarán a comer. *Véase* **co'huá**
cosó *vi* ahogarse (*al tragar*)
cosonó *vi* estar ahogándose (*al tragar*)
cotúura *vi* dar comida, llevar a pasto **Sonó cotúuramani cahué.** Voy a dar rastrojo al caballo. **Rimé cotúuramani echi táa.** Le voy a dar tortillas al niño.
co'yá *vt pl* matar (*animales*) [*fut.*: **co'huimea**]
co'yacha 1. *s* sombrero
2. *vi* ponerse sombrero *Antón* **co'yapa**
co'yami *s* el que come
coyé *vi* ponerse el paño de lienzo en la cabeza
coyera *s* paño para la cabeza, la corona
coyeta *vt* poner el paño (*en cabeza de otro*)
[1]**cu** *adv* otra vez **Mani cu simea.** Ya me voy (*otra vez*). **Ma cu nahuari samichí cu.** Ya vino a Samachique otra vez.
[2]**cu** *s* leña, madera
cu apera llevar leña (*en el lomo*)
cu ca'hui traer leña
[3]**cu** *vi* 1. comer (*esquite, granos enteros, fruta dura*) **Saquí cubo.** Vamos a comer esquite.
2. morder **Ta tohuí biré corí cumiri.** El niño mordió un chile.
cuácari *s tipo de ave gris con pecho rojo que grita:* **"Cóa".**
cúchara *s* hijos [*sing.*: **ranara**]
cuchi *adj pl* chiquitos [*sing.*: **ta**]
cuchíhua *vi* agusanarse **Chabé mucuri echi cochí, ma cáraca cuchíhuari.** Hace tiempo murió ese perro; ya está completamente agusanado.
cuchíhuari *s* gusano de la carne

cuchípara *s* los puestos menores (*entre las autoridades del pueblo*)
cúchuhua *vt* tener hijos **¿Chu quipi mi cúchuhua?** ¿Cuántos hijos tienes?
 cúchuami *adj* que tiene hijos
 nijé cúchuhuara mis hijos
[1]**cuchuri** *s* grillo, oruga **Cuchuri hue cusú.** Los grillos chirrían mucho.
[2]**cuchuri** *s pl* perritos [*sing.*: **churi**]
[1]**cuhuana** *vt* 1. tostar **¡Rimé cuhuana!** ¡Tuesta la tortilla!
 2. quemar (*por el sol*) **Echi rayénari cara cuhuánari echi pachí.** El sol quemó completamente las matas de maíz. [*fut.*: **cuhuanáma**]
 cuhuanárami *adj* tostado
[2]**cuhuana** *adv* 1. al otro lado, detrás **Huamí corí cuhuana bité.** Él vive al otro lado (*del cerro*).
 2. de nuevo **Aboni auchecho cu cuhuana mi bayema.** Ellos te invitarán de nuevo. **Cochí cuhuana yori.** El perro se enojó de nuevo.
cuhuara *s* la punta (*de pino, grano de maíz*) **Ocó cuhuárachi atí biré cusá.** En la punta del pino está una aguililla.
cuhué *s* el tiempo de calor (*antes de las lluvias*) **Jipi ma cu cuhué.** Ya es el tiempo de calor.
 cuhuesa *vi* llegar el tiempo de calor
 cuhuésachi en el tiempo de calor
cuhuempa *vt* escardar (*por primera vez antes de que llueva*)
cu'huíchara *s* manzanilla
cu'huíichi *s* espinilla **Hui'ré chi'huari cu'huíichi.** Se hizo una cortada muy grande en la espinilla.
 nijé cu'huíicharachi en mi espinilla
Cu'huíimi *s* Salvador
cu'huira *vt* ayudar, salvar **Binoy nahuari tamí cu'huíramia.** Él vino a ayudarme. **Cúrohui norínari tamí cu'huírabia.** Los niños vinieron a ayudarme.
cuira *interj* ¡hola! (*saludo*) **Cuíraga ra'íchari.** Habló saludándole.
cujuíbara *s* tipo de quelite que se come
cu'lí *vi* tirar (*líquido*)
cu'lina *vt* 1. torcer
 2. dar vueltas
 3. voltear [*fut.*: **cu'linama**]
culúami *adj* espeso **Echi co'orí hue corúami ju.** El esquiate está muy espeso.
cu'luhua *vt* 1. derramar, tirar (*líquido*)
 2. vaciar [*fut.*: **cu'luhuama**; *pp.*: **cu'luhuárami**]
cumá *vi* 1. curar (*con humo; p.ej.: gente, animales, siembra*) **Ichírari cumari.** Curaron la siembra. **Chibá cumabo.** Vamos a curar las chivas, ahumeándolas.
 2. limpiar con humo (*después de enterrar a un muerto*)
cumé *vt* estorbar, molestar **Tamí cumé.** Me estorba. **Echi rijoy huabé tamí cumeri.** Ese hombre me estorbó mucho.
cumí *vt* comer (*cosas duras como fruta, galletas, dulces*) **¿Acha cumumea galletas?** ¿Comerá algunas galletas? [*fut.*: **cumumea**]
 cumuyá comiéndolo así
cumi *adv* ¿dónde?, ¿a dónde? **¿Cumi simí?** ¿A dónde vas?
cumúchari *s* tío (*el hermano mayor del padre*)
 nijé cumúchara mi tío
cumurachi *s* casa de la comunidad
cuná *s* marido, esposo
 mujé cunara tu marido
 'yemi ucunara sus maridos (*de ustedes*)
cunama *vi* enviudar (*la mujer*) **Ma cunámari.** Enviudó la mujer.

cunámami *s* viuda [*pl*: **cunámacami**]

cuné *vi* tener marido, estar casada [*pp.*: **cunéami**]

cupá *s* pelo, cabello

nijé cupara mi cabello

cupé *vi* tener cabello [*pp.*: **cupéami**]

cupí *vi* cerrar los ojos **Cupugá ra'ichabo Riosi yuhua.** Cerrando los ojos vamos a orar a Dios. [*fut.*: **cupuméa**; *pp.*: **cupíami**]

cupugá cerrando los ojos

cupusí ¡Cierren los ojos!

cupisi *s* luciérnaga

cupuchá *vi* pestañear

cu'rí *vi* dar vueltas, revolver

curi *s* malacate

curícari *s* hilo de lana, pedazos de hilo (*que sobra al hacer una cobija*)

curichi *s* tío (*hermano mayor de la madre*)

nijé curíchara mi tío

curipi hace poco

cursi *s* cruz

cúrsichi en la cruz

[1]**curú** *s* palmillo con que hacen canastas

[2]**curú** *vi* espesarse **Hue cururi.** Se hizo espeso. [*fut.*: **curuméa**]

cúruhui *s pl* niños, muchachos, chamacos [*sing*: **tohuí**]

cu'runí *vi* estar dando vueltas

curusú *vt* saludar (*tocando el brazo del otro*)

cusá *s* aguililla, gavilán blanco (*ave*)

cusabi *s* capulín

cusabi racara fruta del capulín

cusé *vt* tocar la flauta [*pp.*: **cuséami**]

cuseba *vi* ahogarse, colgarse **Ma huijaga cusébari.** Ya se colgó.

cusébana *vt* ahorcar, agarrotar, estrangular

[1]**cusera** *vt* poner mango al hacha **Ripurá cuséramani.** Voy a poner un mango nuevo al hacha.

[2]**cusera** *s* flauta

[1]**cusí** *s* palo

ripurá cusirá mango del hacha

[2]**cusí** *vt* tostar (*los elotes o las mazorcas*) **Pachí cusímani.** Voy a tostar elotes. [*pp.*: **cusítami**]

cusibera *s* banca

cusihua *vi* tener un cetro de autoridad, tener cargo *Véase* **igúsuhua**

cusíhuami *s* el que tiene un cetro de autoridad, jefe

custícia orá hacer justicia

cusú *vi* gritar, relinchar o bramar (*animal*), cantar (*gallo*) [*fut.*: **cusuméa**]

cusúhuachi *adv* cuando cantan o gritan (*animales*)

cusuchí *s* nalga

cutá *s* cuello, garganta

cutachí en el cuello

nijé cutara mi cuello

nijé cutárachi en mi cuello

cutámachi *s* nuca

cutega 1. *vt* poner vigas (*a la casa*) 2. *s* solera, viga, trozo

cutémari *s* cepa de un árbol

cúuchara *adj* menor (*puesto*)

cúuchi *s pl* chicos, infantes [*sing.*: **táa**]

Ch

[1]**chá** *adj* feo

[2]**chá, cháa** *vi* tener granos o llagas **Ne huabe chati cháa.** Tiene muchos granos feos.

chabé *adv* antes, hace poco, el otro día

chabéhuami de antes

chabénara antes (*en relación con otro acontecimiento*)

chabé choquichí al principio

chabecha *vi* astillarse **Basi chabéchari maparí huichiri.** La taza de peltre se astilló al caer.

chabóa *s* barba, bigote

nijé chabóara mi barba
[1]**chabochi** *s* mestizo
chabochi ra'íchari castellano
[2]**chabochi** *s* tipo de araña (*amarilla*)
chabopa *vi* arrancarse las barbas
chacá *s* chanate (*ave; zanate*)
chacachi *s* lomo angosto y corto
chacárami *pp* que tiene ángulo
chacátami *pp* muy angosto (*bordo*) **Ripata rabó hue chacátami ju.** Arriba en la orilla de la mesa hay un bordo angostito.
chachámuri *s* tipo de culebra de cascabel chico
chaché *vi* tocarse (*una cosa con otra*)
chaguta *vi* secarse (*hoja*)
chahué *vt* envenenar **Biré rijoy chahuéiga mi'yari biré cochí.** Un hombre mató un perro envenenándolo. [*fut.*: **chahuéama**]
cha'í *vi* apretarse, atorarse
cha'ira *vt* apretar
chajoca *vt* raspar **Echi ocó cajera hue chajócami ju.** La cáscara del pino es muy áspera. [*pret*: **chihuari**; *pp.*: **chajócami**]
chamarí *s* venado
cha'mérohua *s* lengua
nijé cha'mérahuara mi lengua
cha'mí *vt* lamer [*fut.*: **cha'miméa**]
chami níriqui iquiri lo sorprendió
chamurá *s* cascabel
sinohui chamurara cascabel de víbora
chamuré *vi* tener cascabel **Echi sinohui quetasi chamuré.** Esa víbora no tiene cascabel.
chana *vi* enfermarse (*salir granos*) **Huaminabi chánama.** Se enfermará más; le saldrán más granos.
binoy chánahuara sus granos
chánami *pp* granujoso, lleno de llagas
chá, cháa *vi* tener granos o llagas
chané *vi* 1. sonar mal
2. resonar
3. tocar a la puerta
chanébari *s* sonaja (*bailarín*), cascabel del pascolero
chanécuri sonaja del pascolero
chapí 1. *vt* coger, agarrar (*una persona*)
2. tomar (*coger*)
3. elegir
4. *imper* ¡escójalo! [*fut.*: **chapiméa**]
chapináari *vt pret* querer agarrar
chapiyó *s* los ancianos (*que se paran a un lado gritando cuando bailan los matachines*)
chaquena *adv* a un lado (*del camino*) **Chaquena simiri.** Andaba a un lado, sin seguir en el camino.
charé *vi* estar feo (*un lugar*) **Hue charé, que gará burú.** Está feo (*pedregoso*) el terreno, no hay buen camino.
charicáachi *adv* en lugar feo
charihuá *s* ramitas
charihué *vi* tener ramitas [*pret*: **charihuéeri**; *fut.*: **charihuérama**]
rojuá charihuara *s* ramitas del encino
charóara *s* quijada
charóarahua *s* barba
chati *adv* feo, mal
chati orá pecar, hacer mal
chati oráami malhechor, pecador
chati orarira maldad, pecado
chati oruhuáhuami pecado
che *vi* pegarse, permanecer fijo **Ri'ré che.** Se pega abajo.
chehui *vt* atajar, atrancar **¡Rité chéega maná!** ¡Atájalo con una piedra abajo! [*pret*: **chehuari**; *fut.*: **chehuama**]
chérami *adj* vieja (*cosa*)
chí *pron* me
chibá *s esp* chiva
chibá huichira cuero de chiva
chibá hui'íra cebo de chiva

chibá huitara estiércol de chiva
chibi *adv* mal **¡Quetasi chibi orá!** ¡No lo maltrates!
chibisíami *adj* malo
que chibisíami manso
chicá *s* ardilla mediana (*de la tierra*)
chicónami *adj* chueco
biré cusí chicónami palo chueco
chicora *vi* tener comezón [*pret*: **chicóori**; *fut.*: **chicórama**; *pp.*: **chicórahuami**]
chicuri *s* ratón
chichimó *s* ardillita de la tierra (*vive entre las piedras*)
chi'é *s* cuñado, cuñada (*Casada con el hermano mayor o la hermana mayor; con la prima hermana. Mujer casada con primo hermano mayor.*)
chigá *interr* ¿quién?
chigó *vt* robar [*pret.*: **chigori**]
chigórati fue robado
chigóratami robado
chiguá robando
chigórami *adj, s* ladrón
chigosa *vt* robar (*de paso*) **Chigósari echi rijoy huenomí.** El hombre robó el dinero de paso.
chihuá *vt* 1. pegar (*un balazo o con otra cosa*)
2. apuñalar
3. robar
4. herir
chi'huá *vi* 1. romperse
2. cortarse **Casichí chi'huari.** Se cortó en la pierna. [*pret*: **chi'huari**]
chi'huaní *vi* estar rompiéndose
chi'huáami *adj* roto, quebrado
chihuahua *vt pl* robar mucho
chihuáhuara *s* bolsa de cuero, saco de manta, talega
chi'huana *vt* 1. romper
2. cortar
3. rasgar [*fut.*: **chi'huanama**; *pret*: **chi'huánari**]
chi'huara *s* ubre
[1]**chihuí** *s* cócono (*silverstre*), guajolote
[2]**chihuí** *vi* 1. pegarse, golpearse
2. cortarse [*fut.*: **chihuiméa**]
chi'í *vt* mamar, tomar pecho
chi'íami *adj* mamador **Echi táa múchari hue chi'íami ju.** Ese nene es muy mamador.
chi'ibú *vt* acornear, picar (*con alguna cosa*) **Biré toro tamí chi'iburi.** Un toro me picó con sus cuernos.
chi'íra *vt* amamantar, dar el pecho
chi'mú *vt* dar leche
chijá *vi pl* desparramarse **Chijaga piré.** Viven desparramados.
chijana *vt pl* desparramar
chijasa están dispersándose
chijanárami desparramados por otro
chijisó *vt* picar (*con alguna cosa*) **Cusiti chijisori.** Le picó con un palo.
chijuna *vt* dar asco (*por ser sucio o feo*), menospreciar
chimari *s Una mata parecida a la cebolla, pero no se come por su sabor fuerte; mata los sembrados.*
chimorí *s* ardilla amarilla (*se sube a los árboles*)
chimú *vi* estar doblándose el filo
chi'múcari *s* calabacita
chimunú *vt* estar doblando [*fut.*: **chimunama**]
chi'mura *s* seno
chi'muri *s* teta
chi'ná *vt* echar chispas (*la lumbre*)
chiná *adj* despeinado
chinasa *vt* esconder
chiná niráa secretamente
chiná iyena anda escondido
chiní *s* manta, ropa
chiní burirúami pieza de manta
chiní quimira rebozo
chinita *s* peine comercial
chipahuí *s* ardilla gris (*de los árboles*)

chipérami *pp* plano
chipó *vi* palpitar
chipó *vi* salpicar, brincar (*como manteca en la sartén*)
chipú *vi* estar amargo (*p.ej.: café*) **Echi cajé hue chipú.** El café está amargo, no tiene dulce. [*pret.*: **chipúari**; *fut.*: **chipúrama**; *pp.*: **chipúami**; *pres.*: **chipura**]
chiquí *s* camote (*Se usa para hacer pegamento para los violines.*) **Chiquí jiti uchugá nihuarihua echi raberi.** Pegándolo con ese camote se fabrica el violín.
[1]**chi'rá** *vi* amanecer (*el día*) **Pe arí chi'riméaré.** Tal vez va a amanecer en un rato. [*fut.*: **chi'riméa**]
[2]**chi'rá** *vi* estar tierno (*elote, calabaza*) [*pp.*: **chi'ráami**]
[3]**chi'rá** *vt* aplastar **Ripuchí chi'ránarini macúsahua jiti.** Aplasté la pulga con mi dedo.
  chi'rana *vt* aplastar (*con el dedo*)
chira, chirohua *vi* cuchichear, murmurar **Chírahua anini.** Se oye que cuchichean.
[1]**chi'ré** importar
  ¿Chu chiré? ¿Qué importa?
  que chireco no importa
[2]**chi'ré** *vi* 1. pasar (*un tiempo*), pernoctar **Ma ocuá chi'reri.** Ya hace dos días (*pasaron dos noches*). **Ba'arí nahuó chi'rema.** Mañana va a hacer cuatro días. **Ocuá chi'rigá cu norínamani.** Después de dos días regresaré. **Bucurí ocuá chi'rí mucuri.** Hace dos días que murió.
  2. permanecer [*pl.*: **tibí**]
chi'reba *vi* pasar la noche, posar **Gará chi'rébarini.** Pasé bien la noche. **Jena'í chi'ribámani.** Aquí voy a pasar la noche.
chirena *vi* estar sudando
chirí *s* queja **Chirí anigá bitiri.** Estaban acostados en el suelo gritando sus quejas. **Chirí animéa.** Dirá sus quejas en alta voz.
chirigá *adv* de ninguna manera **Quetasi chirigá omérari.** De ninguna manera pudieron.
chirihué *vi* humedecerse, tener sudor [*pret*: **chirihuéari**; *fut.*: **chirihuérama**; *pp.*: **chirihuéami**]
chirihuéraba *adv* no hay de que
chi'rimea [*futuro de* **chi'rá**] amanecerá
chi'rina *vt* hacer echar chispas [*fut.*: **chi'rinama**]
chi'riní *vi* estar echando chispas [*pret*: **chi'riri**; *fut.*: **chi'rima**]
  chi'rinama echará chispas (*una persona*)
chi'rirú *vt* llevar (*en la punta de un palito*) **Mani mi'yari biré sayahui; cusiti chi'riruca micabé pámani.** Ya maté una víbora de cascabel; la llevaré en la punta de un palito para tirarla lejos.
chi'riruri *s* *El palo con que las mujeres tiran los aros cuando corren en las carreras.* **Rohuera chi'riruri.** Tiró el aro con un palito.
chi'ró *vi* salpicar, aletear, brincar **Ma pohuasa biré rochí, arí hue chi'roma.** Cuano se agarra un pez con el anzuelo, entonces aletea mucho.
  chi'ronó *vi* estar salpicando
chirohua [*variante de* **chira**] cuchichear
chirúrami 1. *s pl* círculos **Ne chitúraga jahui cúrohui.** Los niños forman círculos.
  2. *adj pl* redondos, [*sing.*: **sitúrami**]
chi'yé *s* cuñado (*esposo de la hermana mayor*)
chiyó *s* borrego con cuatro cuernos
chiyohui *s* tipo de ave pecho amarillo

cho *adv* todavía **Quetasi cho ucú.** No llueve todavía. **Abijí hue ucú.** Todavía llueve mucho.
[1]**choba** *vt* hacer trenzas [*pp.*: **chóbarami**]
chobata hacer trenzas (*a otra*)
[2]**choba** *vi* quemarse (*por el sol*) **Rayénari jiti chóbari binoy acárachi.** Por el sol se quemó su cara. [*pp.*: **chobácami**]
chobátana *vt* ennegrecer
chócami *adj* negro
chocó *vi* estar agrio [*pret*: **chochóori**; *fut.*: **chochórama**; *pp.*: **chocóami**]
chocoba 1. *vi* hincarse, ponerse de rodillas **¡Chocoba huiribá!** ¡Ponte de rodillas!
2. *s* rodilla
chocóbachi en las rodillas
chocóbaga huirí se arrodilla (*sing.*)
chocóbaga jahui se arrodillan (*pl.*)
chocóbachi en la rodilla
chocóbara *s* madrastra
chocóbari *s cierta mata que tiene una flor muy bonita*
chocojipa *vt* comenzar una carrera (*tirando las bolas*) **Pe arí chocojípama.** Un poco tarde comenzarán la carrera.
chochora *vi* entumirse (*pie, brazo*) **Ma chochórari ronochí.** Ya se le entumió el pie.
cho'huá *vt* apagar, extinguir (*lumbre*) **Nijeni sinibí cho'huá echi na'í maparini cu simea bitichí jonsa.** Yo siempre apago la lumbre cuando salgo de la casa.
cho'huí *vi* apagarse, extinguirse **Ma cho'huiri na'ique.** Ya se apagó la lumbre. [*pret*: **cho'huiri**; *fut.*: **cho'huimea**]
cho'má 1. *s* moco **Echi tohuí hue cho'méami ju.** Ese niño tiene mucho moco.
2. *vi* resfriarse
cho'méami mocoso
cho'mé *vi* tener moco
chomá *s* nariz
cho'mabú *vi* limpiarse la nariz
cho'mácara aní estar ronco
cho'maná *vi* tener catarro
cho'márachi *s* hoyo de la nariz
chomítuami *adj* rojo obscuro, morado
cho'ná *vt* pegar (*con la mano*), abofetear, golpear (*con alguna cosa*) **Sicati capóriga cho'nari.** Doblando el puño, le pegó. [*fut.*: **cho'nimea**]
matochi cho'nogá tocando el hombro
chona *vi* 1. obscurecer **Ma arihua, que 'me ayó chonama.** Ya es tarde, pronto obscurecerá.
2. ennegrecerse **Echi táa tohuí ri'yeca chucú echo'ná napichi, cara chonama.** Ese niñito está jugando en la chimenea; se va a tiznar (*ennegrecer*) completamente. [*pret.*: **chónari**; *fut.*: **chonama**]
chónohua *vt* hacer negro
chónami *adj* sucio, obscuro
chónachi a obscuras, en la obscuridad
cho'ó *s* hocico
cahué cho'orá el hocico del caballo
churuguí cho'orá el pico del pájaro
cho'obáchari *s* máscara
cho'ohué *vi* moverse el hocico
cho'ojí *vt* amarrar el hocico (*a un animal*)
cho'omaba *vt* taparse la boca y nariz (*por vergüenza*) **Jaré muguí hue cho'omaba mapujiti hue rihuera.** Algunas mujeres se tapan la boca porque tienen vergüenza.
chopé *s* ocote
chopi 1. *adv* solamente
2. *conj* pero, sino
chopi arigá siquiera
chópirigá rihuéami ju es tocayo

chopirigá lo mismo, nada más **Ocuánica chópirigá aniri.** Los dos dijeron lo mismo.
chopona *vt* cruzar las piernas **¡Chopona asá!** ¡Siéntate! (*con las piernas cruzadas*)
chopota *vi* 1. doblarse (*un mecate por estar muy torcido*) **Huiya cara chopótari.** El mecate se dobló (*porque estaba demasiado torcido*).
2. tener calambre
chopurú *vi* ser ocotoso (*reg.*; *resinoso, el tronco*)
choquéami *s pl* veces **Ocuá choquéami rarajípari.** Corrieron dos veces. [*pl.*: **siné**]
choquéhuari *s* tipo de ave que grita temprano en la mañana
choquichí *adv* al principio, en el principio
[1]**choquira** *adj* culpable
 choquira ju tiene la culpa
 choquira níiri lo provocó
[2]**choquira** principio
choquirá 1. *vt pl* hacer cabecillas (*reg., para carreras*), organizar carreras
2. *s* cabecilla (*para carreras*)
choré 1. *vi* tener trementina (*el pino*) [*fut.*: **choromea**]
2. *s* resina
cho'rí *s* mata extendida; sirve como quelite
choró *vi* estar pegajoso [*pp.*: **choróami**]
chórohua *s* mugre, suciedad
chorohuera *vi* ensuciarse
chota *vt* comenzar, empezar, emprender **Ma chotabo nochásia.** Ya empezaremos a trabajar. [*fut.*: **chotama**]
choyá *vi* encogerse
 coyana *vt* encoger
 choyátari hacerse encoger, doblarse
chu *interr* ¿qué?
 chu anihuáami ju ¿qué quiere decir?
 chu iquí ¿qué pasa?
 chu mi iquiri ¿qué te parece?
 chu quipu ¿cuánto?, ¿qué cantidad?
 chu yena ¿a qué hora?
 chu yena micabé ju ¿qué tan lejos está?
 chu yiri ¿qué clase?, ¿cuál?, ¿qué color?
chúbirigá *adv* de alguna manera **Chúbirigá nihuabo.** Vamos a hacerlo de alguna manera.
chubiyiri *adj* cualquier color o clase, lo que sea **Arigá rariméani biré napacha, mapu chubiyiri nirúrasagá.** De todos modos compraré una camisa de cualquier color que haya.
chuca *vi* comer con tortilla **Muní chúcama.** Va a comer frijoles con tortilla en lugar de cuchara.
chúcari *s* comida (*carne cocida con frijol*)
chucú *vi sing* estar parado (*animal, barco, camión de carga, persona agachada*) [*pl.*: **uchú**]
 chucugá iyena gatea
chucuba *vi* pararse (*animal*) [*fut.*: **chucubama**]
chuché *interr* ¿qué? **¿Chucheni orama?** ¿Qué le voy a hacer?
chu'huá *s* tipo de quelite con hojas anchas
chuhué *adv* comoquiera
 chuhué biréanomí en dondequiera
 chuhué biré cualquier
 chuhué bacháami simírami travieso
chu'huechi *s* 1. panteón
2. sepulcro, tumba
chu'huépari *s* pájaro saltapared
chuhuérahua *vt* hacer comoquiera, no hacerlo bien

chu'huí *s* 1. espíritu, espanto, fantasma **Chu'huí inaro.** Anda un espanto.
2. cadáver **Chu'huí matóami 'yena.** Anda llevando un cadáver.
chu'huiró *vt* sepultar, enterrar [*pp.*: **chu'huirótami**]
chu'má *vt* chupar, picotear [*fut.*: **chu'maméa**]
chumarí *s* venado
marichi venadito
chumé *vi* tener labios
nijé chumirachi en mis labios
chu'mí *vt* 1. chupar (*comiendo*)
2. comer comida aguada (*con los dedos*) [*fut.*: **chu'muméa**]
chumí *s* labio
chumorí *s* ardilla (*color gris, anda en los árboles*)
chuná *s* higuera
chunárari en la higuera
chuná racara higos
chunú *vt* chupar, absorber **Hui'yé gará chunú ba'huí.** La tierra absorbe el agua. [*fut.*: **chunuméa**]
chunugá bají lo chupa
chunurú *vt* chupar, sorber (*una vez*)
chupabú *vt* despuntar
chupamóori *vi pret* quebrarse la punta **Ma chupamóori huica.** Ya se quebró la punta del palo de sembrar.
chupará *vt* sacar punta
chupéami *adj* agudo, puntiagudo **Je'ná ripiyá hue chupéami ju.** Este cuchillo es muy puntiagudo.
[1]**churé** *interr* ¿por qué? **¿Churécura?** ¿Por qué? **¿Churicóriaba?** ¿Por qué?
[2]**churé** *s* coatí, cholubo (*un animal que anda en los arroyos y hociquea la tierra*)
churi *s sing* perrito **Huicabé nirú cuchuri.** Hay muchos perritos. [*pl*: **cuchuri**]
churicó *interr* ¿cuándo?, ¿qué día?
churicó rahué *interr* ¿qué día?
churichi *s* cerro picudo, pico, cima
churigá *interr* ¿cómo?, ¿de qué modo?, ¿de qué manera?
churigá mi mayé *interr* ¿qué te parece?
churipi *s* pollito
churírari *s* pico del cerro, entre los cerros, en la punta del cerro
churomí ocó *vi* tener reúma, sentir el cuerpo dolorido
churú *s* tamaño, tan grande **¿Chu churubi?** ¿Qué tan grande es? **Je churú ju.** Es de este tamaño. **Pe táa ju, mapu churú echi táa racara.** Es tan chiquito como esa pequeña semilla.
churubí *vi* ponerse paño (*en la cabeza*)
churubi *adv* en todo tiempo
churubi rahué todos los días
churubíchara *s* cotense (*tela*)
churubira *s* paño para la cabeza, un cotense
churuguí *s* pájaro
churuguí cho'orá pico de pájaro
churuguí rosorá el nido del pájaro
chuseá *interr* ¿por qué?
chutá *vt* afilar [*fut.*: **chutama**; *pp.*: **chutárami**]
chu'yá *s* azulejo (*grande y copetudo*)
chu'yépari *s* saltapared (*más grande*)
chuyiri *interr* ¿cuál?, ¿qué color?
chuyíripi *pron* cualquiera

E

echaní así dice, eso dice
echarí *adv* entonces, más allá
echarí jonsa desde entonces
echi *pron dem* ése, ésa, aquél, eso

echi jaré esos, esas
échico *adj dem* ese, esa
echijiti *adv* por algo, por causa de, por lo tanto
echimí *adj dem* aquel, aquella
echiquí *adj dem* esa cantidad **Echiquini ra'ichama.** Es todo que voy a decir.
echirigá *adv* así, de esa manera
echirigá huarubé tan grande
echiyena *adj* ese tanto
echiyiri *adj* esa clase, tal
echocuá *adv* allí por atrás **Echocuá inaro.** Allí, por atrás, viene.
echomí *adv* para allá **Echomí inaro.** Por allá va. **¡Echomí!** ¡Quítate! ¡Hazte a un lado!
echo'ná *adv* allí, allá, ahí, hacia allá, por allá
echo'ná inaro allá viene
echo'ná Samichí a Samachique
echorá así hace, eso hace, de ese modo hace
eperí *vi* estuvimos acostados **Huete 'nata eperita.** Estuvimos acostados pensando.

G

gará *adj, adv* 1. bueno (*sabroso*) **Hue gará ju muní.** Está muy bueno el frijol.
2. bien (*sano*) **Echi mapu nayúami níiri ma gará ju.** El que estaba enfermo ya está bien.
gará aní *vi pl* ponerse de acuerdo **Si'néami gará aniri carí nihuáboriyá.** Todos se pusieron de acuerdo en que se construyese una casa.
garabé *adj* muy bien, muy bueno, fino, perfecto
garabé ané alabar
garabéara *adj* muy bueno
garabérata *vt* hacer muy bueno
garábusi *s* bolitas en el encino que se forman en mayo
garana *vi* mejorarse, convertirse
garani machí estoy seguro
garanta *vt* mejorar
garara *vt* componer, mejorar
garé *vt* amar, querer [*pp.*: **garérami**] *Véase* ²**caré**

Hu

Nota: *Al principio de la palabra no siempre se pronuncia la* **hu.**

¹**hua** *s* flecha **Echi tohuí hua ca inaro.** Ese niño anda llevando flechas.
²**hua** *vi* madurarse **Que cho huari masana.** Todavía no se han madurado las manzanas. [*adj.*: **huáami**; *pp.*: **huácami**]
hua'á *s* sabina (*árbol*)
huáasi, huacasí *s esp* vaca, res
huáasi huichira cuero de vaca
huáasi huitara estiércol de vaca
huáasi ohuira toro
huabé *adv* muchísimo *Véase* **hue**
¹**huaca** *s* rana verde chiquita
²**huaca** *s* cuñado (*esposo de la hermana menor*)
queni huácahua mi cuñado
nijé huácara mi cuñado
¹**huacá** *vi* rajarse (*una rama*), mellarse
²**huacá** *s* tuétano, médula
ochí huacara tuétano de determinado hueso
huácami [*pp de* ²hua] maduro

huacaná *vt* rajar (*una bifurcación de ramas, etc.*), mellar [*pret*: **huacánari**; *fut.*: **huacanama**]
huacana *vt* mellar
huacasí [*variante de* **huáasi**] vaca, res
huacocha *vi* 1. estar chueco o encorvado (*p.ej.: pierna que se quedó gruesa en una parte por haberse quebrado*) 2. estar chueco o grueso en partes (*p.ej.: rama nudosa de encino*) [*pp.*: **huacóchami**]
huacóina *s* animalito parecido al alacrán
hua'ché *vi* atiesarse de frío, enfriarse (*una persona*) **Hua'checa mucuri.** Se murió atiesado. [*pret*: **hua'cheri**; *fut.*: **hua'chema**]
huachí *vi* enderezarse
huachínaga oráami justo
huachínaga simí se va en una línea recta
huachí huiríbaga parándose derechito
huachíami *adj* derecho (*recto*) *Véase* **huatoná**
huachica *s* costilla
nijé huachícara mi costilla
huachícachi *s* en las costillas
huachina *vt* enderezar **¡Huachina!** ¡Enderézalo! [*fut.*: **huachinama**]
huachínami *adj* derecho
huachó *s* garza
hua'ícari *s* esófago
nijé hua'ícara mi esófago
huajó *s* zancudo
huajomari *s* chirrionera (*culebra látigo, grande, pinta, no muy peligrosa*)
huajóo *vi pl* salir (*p.ej.: animales del corral*) [*pret*: **huajóori**; *fut.*: **huajóoma**]
huajónari los echó fuera del corral [*fut.*: **huajonama**]
huamí *adv* allá, más
huaminá por allá
huaminá arihué *vt* abandonar **Echi rijoy huaminá arihueri binoy upira.** Ese hombre abandonó a su mujer. [*fut.*: **huaminá arihuema**]
huaminá 'masa *vi sing* escaparse [*pl.*: **huaminá jumsa**]
huaminá pa *vt* arrojar
huaminabi *adv* más todavía, mucho más
huaminana *adv* después, más adelante
huaminánomí *adv* más allá (*en el futuro*), después
huaná *adv* aparte, lejos
huanabú *vt* apartar
huaní *vt* sacar (*gusanos chupando con carrizo*) [*fut.*: **huaniméa**]
[1]**huanihuí** *vi* apartarse
[2]**huanihuí** *adv* pasado mañana, anteayer **Huanihuí sébarini.** Anteayer llegué.
huanihuí ocuá desde anteayer
huanihuí piché hasta pasado mañana
huanihuí rocogó anteanoche
huaqué *vt* secar
huaquí *s* un palo o árbol seco
huaquítari en un árbol seco
huaquiché *vi* secarse
huaquichébana *vt* secar
huaquichéami *adj* seco
huaquiná *adv* para acá, acá
huaquinánocuá *adv* más acá en tiempo
quiná por acá, acá
huará *s* perico grande, verde
'huara *vi* endurecerse (*un cuero*)
'huárami *pp* duro, que no se puede doblar
huaré *adv* quizás, tal vez **Norínamiré.** Vendrá, tal vez.
huari *s esp* huari (*reg.*), cesta, canasta
huatobé *s* canasta grande
huarina *vi* ser muy ligero, veloz **Echi rarajípami ne huabé**

huarina. Ese corredor es muy ligero. [*pp.*: **huarínami**]
huarínaga 'ma corre recio
huaró *vi* marchitarse, secarse por el sol **Maparí quetasi ucú hui'ribé niráa, hue huaró echi ichí.** Cuando no llueve por mucho tiempo, se marchitan las matas.
huarona *vt* secar, marchitar [*fut.*: **huaronama**]
huarú *adj sing* grande, mucho, muy **Huarú bu'huíbari ba'huí.** Creció mucho el arroyo. **Huarú ucuri.** Llovió mucho. **Huarú sapéami ju.** Está muy gordo. [*pl.*: **o'huari**]
huarú ba'huechi mar
huarú bahuechi suhué orilla del mar
huarú chipérami como una tabla ancha
huarú ritérari peñasco
huarú sapéami panzón
huarubé *adj* enorme, gigante, inmenso
huarubé nihuá *vt* agrandar
huarubera *s* jefe supremo
huarura *s* jefe, un grande
huarubérata *vi* hacer (*nombrar*) un jefe
huarúrachi *s* ciudad
huasa *vt* cocinar (*p.ej.*: *tortillas, frijoles*) [*pp.*: **huásarami, huasíami**]
huasá *s* tierra de cultivo
huasamóchahua *s* tía (*hermana mayor de la madre*)
nijé huasamóchahuara mi tía
huasará *vt* arar, barbechar [*pp.*: **huasarátami**]
huasarara *s* azadón
huasaró *s* alamillo (*variedad de álamo*)
[1]**huasí** *s* cola
huasihué *vi* colear
huáasi huasira cola de la vaca
[2]**huasí** *s* suegra
nijé huasira mi suegra
huasirúami que es suegra
huasía *s* chuchupate (*hierba*)
huasírahua *vt* menear la cola, colear **Echi cochí hue huasírahua.** Ese perro menea mucho la cola.
huasoná *s* pato
huataca *vi* estar fuerte
huatácami *adj* fuerte (*duro y flexible*)
huatayé, huitayé *vi* derrumbarse (*la tierra, un cerro*)
huató *vi* estirarse
huatóami *adj* elástico
huatobé *s* huari grande, canasta grande
huatoná 1. *vt* estirar
2. *adj* derecho, lado derecho, mano derecha
huatona *vt* hacer atole [*fut.*: **huatonama**]
huatónari *s* atole, pinole cocido
huayé *s* hermana menor **Echi tihué nijé huayera ju.** Esa niña es mi hermana menor.
nijé huayera mi hermana menor
huayena *s* sanguijuela
hue *adv* muy, mucho
huabé *adv* muchísimo
'huécami *s pl* las viejas [*sing.*: **huiráami**]
huéchara *s* otate, aguijada (*palo con que pican a los bueyes*)
'huénahua *vi* tener padres
nijé 'huénahuara mis padres
tamujé 'huénara nuestros padres
huenomí *s* dinero, un real **¿Acha mi huenomihua?** ¿Tienes dinero?
ocuá huenomí dos reales
huenomihua *vi* tener dinero
huenomí rojuácami *s* cambio **¿Acha nirú rojuácami?** ¿Hay cambio?
huepi *adv* solamente, nada más **Huepi yena.** Nada más anda.
huera *vt* criar
huérachi *s* sierra alta

huérari con fuerza **¡Huérari orá!** ¡Trabaja con fuerza!
huériga *imper* ¡fuerte!, ¡ánimo!
huesi: que huesi nadie
'huí *vt* 1. cosechar, pizcar el maíz **'Huíi 'yena.** Andan pizcando maíz. **Nijeni 'huima pachí.** Voy a pizcar maíz.
2. coger [*pret*:: **'huiri**; *fut.*: **'umea**]
'huíhuachi *s* la pizca, el tiempo de la pizca
'huíhuami *adj* que pertenece a la pizca
'huisa *vt* cojer, agarrar, arrebatar
'usi *imper pl* ¡Cójanlo!
huiba [*variante de uba*] bañarse
[1]**huicá** *vi* perderse **Biré táa tohuí huicari bi'yá rocogó.** Un niño chico se perdió en la madrugada. [*pp.*: **huicáami**]
[2]**huicá** *adj* mucho
huicabé muchísimos
huicabeca *vi* siendo muchos
huica *s* palo picudo (*para sembrar maíz*) **Echi jaré rarámuri ichá huica jiti.** Los tarahumaras siembran con el palo picudo.
huicahua *vt* perdonar **Nijé onorá tamí cu huicáhuari.** Mi padre me perdonó.
huicahuá ¡perdónale!
huicahuasi ¡perdónenle!
huicáhuaraba *adv* de nada, por nada
huicáhuari *s* perdón **Huicáhuari tani.** Pide perdón.
huicaná *adv* en muchas partes **Echi rijoy huicanáami iyenari nochia.** Ese hombre anduvo trabajando en muchas partes.
huicaná nasóami surtido
huicará *vi* cantar (*bailador o con una sonaja*)
huicari *vi pret* olvidarse
huicó *s* abejorro, un árbol de las barrancas donde se congregan los abejorros
huicohuí *s* hongo
huicori, icori *s* corteza gruesa (*de pino o encino*) **Jaré cúrohui nihuá echi troca echi huicori jiti.** Algunos niños hacen pequeñas trocas (*camiones de carga*) de la corteza de pino.
huicú *vi* estar turbio (*el agua*)
huicúami *adj* turbio
huicuba, huicuhua *vt* enturbiar
huicuhui *vi* chiflar **Echi tohuí hue ba'yóami huicuhui.** Ese niño chifla muy bonito. [*pret.*: **huicúuri**; *fut.*: **huicuhuama**]
huichá *s* aguja **Echi muquí hue su huichá jiti.** Esa mujer cose con la aguja.
huichárari uchá enhebra la aguja
huichabú *vt* castrar
huíchari *s* manzanilla
huichéami *adj* piojoso
[1]**huichí** *s* 1. cuero, piel
2. piojo
huáasi huichira cuero de vaca
huichí cahuara liendres
[2]**huichí** *s* suelo **Huichí huirigá nahuari.** Vino a pie. **Huichí jaga simabo.** Vamos a pie.
[3]**huichí** *vi* caerse (*de arriba*) **Ri'ré huichí huichiri.** Se cayó en el suelo. [*fut.*: **huichiméa**]
huichí huirigá *adv sing* a pie [*pl.*: **huichí jaga**]
huichíarigá simí va a pie
huichiba *vi* 1. caer **Jena'í huichiba aquibi echi comácari.** Por aquí cayó la bola.
2. pegar (*sol*) **Bucurí huichíbachi rayénari nijeni asísari.** Cuando comenzaba a pegar el sol en la mañana, me levanté. [*pl.*: **rujuí**]

huichibáchara *s* estuche de cuero (*para rifle o cuchillo*)
huichibecha *vi* rasparse (*por alguna cosa*)
huichihuera *s* una cuarta (*látigo*)
huichimó *s* ardilla chiquita (*de la tierra*)
huichimoba *s* mundo
huichimóbachi en el mundo
huichó *vt* lavar (*ropa*) **Biré muquí echo'ná comichi huichó chucú.** Una mujer está lavando allí, en el arroyo. **Huichósohua táa nírari.** Se encogió la ropa al lavarla.
huichobé *vt* quemar (*la tortilla o el frijol*), chamuscar **Ma huichobétari muní.** Ya se quemaron los frijoles.
huichobeta *vi* quemarse
huichorí *s* barro
huichoríta *vi* estar haciéndose barroso
huichorítami *adj* barroso
huichurí *s* cacto redondo
'huigáami *adj* perdido (*pl*)
'huíhuachi *s* pizca, tiempo de la pizca **Huaminá 'huíhuachi huicabé nirúrama sunuco.** Más allá, durante la pizca, habrá mucho maíz.
huíi *vt* lazar, amarrar (*un animal*)
huíira chucúami parado amarrado (*un animal*)
hui'í *s* manteca, sebo **Echi cochi hue hui'íami ju.** Ese marrano está muy gordo, y tiene mucha manteca.
hui'íami *adj sing* que tiene mucha manteca (*un marrano*) [*pl.*: **hui'iméa**]
hui'ibóchana *vt* engordar (*marrano*) **Hui'ibóchanabo biré cochi.** Vamos a engordar un marrano.
[1]**huijá** *vt* sacar (*de la lumbre*) **Nijeni huijiméa echi ri'rohui echo'ná napichi.** Voy a sacar las papas de las cenizas. [*fut.*: **huijaméa**]
[2]**huijá** *vi* estar colgado **Echo'ná pachá huijá chucú.** Está colgado allí adentro.
huijaga chucú está colgado
huijáhua *vt* colgar **Nijeni echo'ná pachá huijáhuama echi juste.** Voy a colgar el fuste allí adentro.
hui'nijí *vt* acusar, condenar **Pagótami tamí hui'nijiri.** La gente me acusaba. **Comisario tamí hui'nijiri.** El comisario de la policía me acusó. [*fut.*: **hu'nijima**]
hui'nijíhuachi cuando lo acusan.
huinomí *s* dinero
huipá *s* tabaco del campo
huipichá *vt* chapalear (*agua con la mano*)
huipisó *vt* azotar, pegar (*con mano o cuarta*), lo chicotea **Tamí huipisómia nahuari.** Llegó para azotarnos a nosotros. **Muní huipisómani.** Voy a desvainar el frijol (*azotándolos*).
huipisótami *adj* azotado
huipisónari querían azotarle
huipisó capaneri toca la campana
huiputa *vi* tener demasiada hambre o sed
huiqué *vt* deber
huiquéami que debe
huiquechi *vi* ser llorón
huiquiá *vi* extraviarse
huiquiyá muhué *vt* multiplicar
hui'rá *s* arete
hui'ré *vi* tener aretes **Echi muquí hue semati hui'ré.** Esa mujer tiene aretes muy bonitos.
huirá *vt* 1. parar **Echo'ná sitochi huirari ripurá.** Puso parada el hacha, en el rincón.
2. elegir, nombrar a una autoridad **Tamí huirábari capitani niráa.** Me eligieron como capitán. [*pl.*: **jahua**; *pret.*: **huirásari**]
huirí *vi* estar parado

huiráami *s sing* vieja, anciana [*pl.*: **'huécami**]
huiraba *vt* parar (*detener*) **Nijeni huirábama echi motor.** Voy a parar el motor. [*pret*: **huirábari**]
huirara *vi* envejecerse (*mujer*) **Echi muquí ma hue huirárari.** Esa mujer se ha envejecido mucho.
huirásari [*pret. de* **huirá**] levantar, parar (*poste, persona*)
hui'ré *adj* ancho **Hui'ré inaro ba'huí.** Está ancho el río. **Hui'ré ichiméani.** Voy a sembrar ancho (*mucho*).
hui'rí *vi* 1. estar largo (*medida*) **Hue hui'rí echi cusí.** Está largo el palo.
2. extenso (*tiempo*) **Hui'rí huiriri echi ucuí.** Estaba lloviendo por mucho tiempo.
hui'rira *vt* alargar
hui'ribé muy extenso
huirí *vi* estar parado **¿Cumi huirí echi pichira?** ¿Dónde está parada la escoba? [*fut.*: **huiriméa**; *pl.*: **jahui**]
huiríami *adj* parado, nacido **Echi bachá huiríami ranara ju.** Es el hijo primogénito.
huiriba *vi sing* pararse (*el hecho de pararse*) **Echo'ná yéachi huiríbari.** Se paró en la puerta. [*pret*: **huiríbari**; *fut.*: **huiribama**; *pl.*: **jaba**]
huiribá *imper* párate
huiríbari *vi* empezar a llover **Echi ucuí ma huiríbari.** Empezó a llover.
huiribeco *adv* después
hui'ribéque nahua retrasa su llegada
hui'rique *adv* mucho después **Hui'rique rocogó cu nahuari.** Muy noche llegó. **Ma hui'rique chónachi níiri.** Ya era muy noche.
hui'rique chónachi muy noche
huirira *vi* andar (*haciendo algo*) **Chibá meca huirira.** Anda cuidando las chivas. [*pret*: **huirírari**; *fut.*: **huiriráma**]
huirisa *vi sing* pararse, levantarse (*de estar sentado*) [*pl.*: **jasa**; *pret.*: **huirísari**]
huirisi *imper* ¡levántese!
huirísaga *vi* parándose
huiró *vt* 1. tirar (*agua, tesgüino, sangre*)
2. desparramar (*tierra o granos*)
huirú *s* zopilote **Ma i'nísari huirú.** Ya voló el zopilote.
'huisa *vt* 1. coger, agarrar
2. arrebatar
huisabé *adv* muchas veces, frecuentemente **Huisabé ucuri.** Llovió muchas veces.
huisibú *vt esp* poner la zapeta (*taparrabo*) **Ma huisibúmani.** Voy a vestirme, me pondré la zapeta.
huisibura *s* la pieza triangular de la zapeta, un cotense
huisiburi *s* paño, trapo
huisó *vt* hacer lodo, batir lodo
huisogá *s* lodo, zoquete
huisogátari *s* ciénaga
huisoguéra *vi* enlodarse
[1]**huisú** *s* tipo de animalito carnívoro con cola larga
[2]**huisú** 1. *vt* dar leche, ordeñar **Echi huáasi huarú chi'muri; ma huisunámani.** Esa vaca da mucha leche, voy a ordeñarla.
2. *vi* salir un chorro
huisuchi *s* donde sale un chorro
huisuna *vt* ordeñar
huitá 1. *vi* hacer estiércol [*fut.*: **huitaméa**]
2. *s* estiércol, excremento
chibá huitara estiércol de chiva
huitabú *vi* tener diarrea
huitara *vi* fertilizar la tierra con estiércol

huitayé [*variante de* **huatayé**] derrumbarse (*tierra*)
huiya 1. *s* mecate
2. *vt* persogar, lazar
hui'yé *s* tierra, barro **Echi sicorí hui'yé jiti nihuarihua.** Se hacen las ollas de tierra (*barro*). **Gará ju hui'yé; huarú ochérama pachí.** Está buena la tierra; crecerá grande el maíz.
hui'yée *vi* hay tierra [*fut.*: **hui'yéarama**]
huiyé *s* madre
huiyó *s* tipo de pino (*aguja fina*)

I

ibiri, ibíripi *pron* cada uno, unos a otros **Ibíripi niráa juri biré namuti.** Cada uno escogió una cosa.
ibiripi niráa uno por otro
ibócari *s* chile (*colorado, grande, seco*)
síbori *s* chile piquín
ibóisi *s pl* bueyes [*sing.*: **bóisi**]
icá *vi* hacer aire, soplar el viento **Huabé icari.** Hizo mucho aire. **Ma arihueri icayá.** Ya dejó de soplar. [*fut.*: **icaméa**]
icárata *vt* abanicar
icaré *vi* mentir **Echi rijoy hue icaré; quetasi bichíhuaga ra'icha.** Ese hombre miente mucho; no dice la verdad. [*pp.*: **icaréami**]
icareca ru negar (*en el sentido de mentir*)
icori [*variante de* **huicori**] corteza gruesa (*de pino o de encino*)
icosa *vt* quemar
icota *vi* quemarse (*el monte*) **Huarú inaro icótari.** El monte estaba quemándose mucho.
icúsuhua [*variante de* **igúsuhua**] son autoridades
ichá *vt* sembrar **Hui'ré ichari.** Sembró mucho (*ancho*). **Ma ichírati.** Ya fué sembrado. [*fut.*: **ichiméa**]
ichisí *imper* ¡siémbrenlo ustedes!
icháami *s* sembrador
[1]**iché** *vi* hay matas de maíz [*pret*: **ichéari**; *fut.*: **ichérama**]
[2]**iché** *vt* picar, punzar, inyectar **Ahuati ichema.** Le picará con sus cuernos.
ichí *s* matas de maíz
ichírari entre las matas de maíz (*en la milpa*)
ichírati fue sembrado
ichisuhua ya sembrando
ichihuáhuami *adj* de siembra
hui'yé ichihuáhuami tierra de siembra
ichipa *vi* esconderse **Pachá carírari ichípari tohuí.** El niño se escondió adentro de la casa.
ichirúami *s* sembrado
ichuromí *adv* todo el cuerpo **Ichuromí ocó.** Me duele todo el cuerpo.
igúsuhua, icúsuhua *vi* son autoridades (*del pueblo*), tienen cargo
igúsuhuami *s pl* autoridades (*del pueblo*) [*sing.*: **cusihua**]
ihuá *vi* tener agujero **Hui'ré ihuá.** Tiene un agujero grande.
ihuáachi *s* abertura, agujero **Echo'ná ritérari ihuáachi atí.** Está en el agujero de la piedra.
ihuará *vt* agujerar, perforar
[1]**ihué** *vt* atajar **Nijeni ihuema echi huáasi.** Voy a atajar las vacas.
[2]**ihué** *s pl* muchachas [*sing.*: **tihué**]
[3]**ihué** *s* tierra
ihuéami *adj* fuerte

ihuébana *vt* reforzar **Echi ohuáami tamí cu ihuébanari.** Esa medicina me reforzó.
ihuepa *vt* tirar (*con fuerza al suelo*) **Najarápaga ihuépari.** Luchando lo tiró con fuerza al suelo.
ihuera, jihuero *vi* tener fuerza
ihuérami 1. *adj* fuerte **Echi rijoy huabé ihuérami ju.** Ese hombre está muy fuerte.
2. *adv* macizo
i'hueri *adj pl* largos *Véase* **hui'rí**
ihuí *vi* respirar **Ma cu ihuiri.** Ya respiró otra vez.
i'huí *vt* 1. enredar **Cahué ma i'huiri huíi.** El caballo ya enredó la soga. **Cahué i'huítaga chucú.** El caballo está parado enredado. **¿Churigá mi i'meri? I'huítarini.** ¿Cómo caiste? Me enredé.
2. lo amarra por las patas
ihuíchani *vi* resollar
i'huíchari *s* manzanilla
i'huícharachi en la manzanilla
ihuigá *s* respiración **Diosi tamí ihuítari.** Dios me dió la vida (*la respiración*).
binoy ihuigara el espíritu de él
ihuita *vi* dar espíritu, dar vida
i'huiri *s* bolsita de gusanos del madroño (*árbol*)
i'huita 1. *vi* enredarse
2. *vt* dar la autoridad (*pasándole los cetros de autoridad encima de la cabeza*)
ijínari *vi* éramos, eran **Campórahuami ijínari.** Eran tamboreros. **Remerio ijínari.** Eran curanderos. **Huete cha nocuáami ijínari.** Éramos muy traviesos. **Nijé jínari ju.** Son mis hijos.
imá *s* hígado
imasehua 1. *vi* enfermarse (*por tener el bazo hinchado*)
2. *s* bazo
imaséhuami *adj* enfermo del bazo
i'mé *vi* 1. caerse (*al suelo*)
2. tropezar (*andando*) **Echi táa tohuí i'mema.** El niñito se va a tropezar.
imúami *adj* voraz
imuri *s* canasta (*con tapadera*), petaca
[1]**iná** 1. *vi* ir **Echo'ná iná.** Allí va.
2. venir **Mi tasí inaro.** Allí viene abajo.
3. caminar **Huamí tu inárami hue risí.** El que camina para abajo está cansado.
4. *imper* ¡ande! ¡camine!
[2]**iná** *vi* dar leche
ináatami *adj* seguidor (*a otros y no estar solo*) **Echi táa hue ináatami ju.** Ese chiquito es muy seguidor.
inami *vi* entender y hablar español
i'ní *vi* volar
i'níbana *vt* echar a volar
i'nisa *vi* volarse **Icá jiti i'nísama.** Se va a volar por el viento. [*fut.*: **i'nísama**]
inó *s* tipo de árbol chico con hojas amargosas
inoya *vt pl* admirándolo *Véase* **no'**
ínuhua 1. *vi* tener fiebre o paludismo
2. *s* fiebre, paludismo
ipó *s* llano **Hui'ré iporo.** Hay un llano largo. **Biréana ipó ma huasarárami ju.** Un llano ya está barbechado.
iporo *vi* hay un llano
iqué *vt* ventilar
[1]**iquí** *vi* acontecer, suceder **¿Chu mi iquiri?** ¿Qué te pasó? [*fut.*: **iquiméa**]
[2]**iquí** *vt* 1. picar **Ripuchí tamí iquiri.** Una pulga me picó.
2. morder
iquigá: que 'ne iquigá desapareciéndose

iquíi *vi* saber (*lo que pasó*) **Nijeni iquíiri mapu ma mucuro.** Supe que ya había muerto.
irá *s* nopal
iréachi nopalera
irapa *vt* abrir (*puerta, caja*) [*fut.*: **irápama**]
irápara *s* llave
irápata *vi* abrirse
irápatami *pp* abierto **Jaré jiti irápatami niiri.** Fue abierto por alguien.
iré *vi* estar bueno, servir
tasi iré no sirve
ireta *vi* explicar bien (*predicar*) **Irétaga jeaniri.** Explicando bien le dijo esto.
irí *s* cerco (*de palos*)
irichi junto al cerco
irura *adv* ciertamente
isaba *vi* descansar
isábahuachi tiempo de descansar
isábata *vt* hacer descansar
isena *adj pl* distintos, diferentes, extraños [*sing.*: **si'nú**]
isí *vi* orinar
isini rahué algunos días **Isini rahué que nóchari.** Algunos días no trabajó.
isota *vt* mojar con orina
isótami orinado
itiyeri *vi pret pl* jugar **Pelota itiyéchari.** Jugaban con la pelota.
iyé *s* madre, mamá
nijé iyera mi mamá
iyéami *adv* que tiene mamá **Quetasi iyéami ju.** No tiene mamá (*ya murió*).
iyéata *vi* estar abierto **Iyéata huirí.** Está abierta la puerta.
iyena, yena *vi sing* andar [*pl.*: **'yena**]
iyénasí hasta que

J

jaba *vi pl* pararse (*varios*) [*sing.*: **huiriba**]
jáasi *imper* ¡párense!, ¡levántense!
jabu *s esp* caballo
jácami *adj* vivo
jahua *vt pl* 1. parar **Sicochi jáari.** Los paró en el rincón.
2. nombrar como autoridades **¿Chu quipu jahuárati?** ¿A cuántos nombraron como autoridades? [*sing.*: **huirá**]
jáhuami *adj* parados
jahuaba *vi pl* estar parados
jahui *vi pl* estar parados [*sing.*: **huirí**]
jami *adv* por aquí, por este lado
janiri *vi* estar contento
japa *imper* ¡oiga!
jaré *pron* algunos, unos
jasa *vi pl* 1. levantarse (*de estar sentados*) **¡Jáasi!** ¡Levántense!
2. pararse (*cesar*) **¡Quirí jáasi!** ¡Estén quietos! [*sing.*: **huirisa**]
je'ná *pron dem* este, esta, esto
jeané le dice esto
jeaní dice esto
jena'í *adv* aquí **Hueni canira jena'í bitéraga.** Aquí estoy a gusto. *Véase* **'na'í**
jena'í jonsa desde aquí
jeocuá acá (*en cierta parte*) **Jeocuá atí.** Acá está. **Jeocuá inaro.** Acá viene.
jeré así es
jerigá *adv* así (*de esta manera*)
jeyiri *adv* esta clase
ji *imper* ¡tómalo con la mano!, ¡ten!
jícuri *s* peyote
jiero *s esp* fierro
jihuéami *adj* fuerte

jihuera [*variante de* **ihuera**] tener fuerza
jihuérahua *s* poder
jihuérami *adj* vigoroso, firme
jihuérata *vt* hacer fuerte, fortalecer
  jihuératami *adj* hecho fuerte
jima *vi pl* subir **Ripata ritérari jímari.** Subimos al peñasco. [*sing.*: **'mo**]
jínohua *vi* tener hijos **Huicá jínohuami ju.** Tiene muchos hijos.
  jínohuami *adj* que tiene hijos
jipi *adv* ahora, hoy *Véase* **abé**
  jipi jonsa desde ahora
  jipi rahué hoy día
jiti *prep* 1. con **Nijeni ripúnari echi cusí biré ripurá jiti.** Trozé el palo con una hacha.
  2. por
  nijé jiti por mí
  echijiti por eso
  mapujiti porque
jiyá *vi* apresurarse
jiyata *vt* apresurar
jiyahui *vi* tener prisa por irse
jiyé *vt* seguir las huellas **Jiyé iyénani.** Anduve siguiendo las huellas.
jiyero *s* hierro
jiyeta *vt* seguir huelleando (*olfateando*)
[1]**jo** *vi pl* andar muchos **Hue jo basachí na'ibe.** Andan muchos coyotes aquí. **Hue jo ripuchí.** Hay muchas pulgas.
[2]**jo** *vt* hacer hoyo
  jótami hecho hoyo
jobátami *adj pl* feroces, bravos [*sing.*: **aparúami**]
jócari *s* camaleón, lagarto cornudo
jochi *s* hoyo
  jótachi en el hoyo
jóhua *vt* apuntar, señalar [*fut.*: **johuama**]
  johuá *imper* ¡apúntalo!
jonsa *prep* desde, de **Echo'ná jonsa simiri.** Salió desde allí. **Biré michá jonsa cu nahuari.** Desde hace un mes vino.
jora *vt* escarbar (*un hoyo*)
ju, juco, jupá *vi* ser, estar [*pret*: **níiri**; *fut.*: **níima**]
[1]**jubá** *adv* atrás
  jubáami *adj* por atrás
  jubánara huiríami parado por atrás
  jubá ocuá hacia atrás
[2]**jubá** *vi* oler **Hue cha jubá.** Huele muy feo. [*pret*: **júuri**]
  cha jubá *vi* tener mal olor
[3]**jubá** *vt* jugar (*tirando los palos*) **¡Jubaca pa echi cusí!** ¡Juega, tira el palo!
jubáami *adv* al fin, finalmente, último
jubahua *vi* atrasarse
jubánara *adj* anterior
[1]**jubé** *vt* 1. entarimar
  2. hacer (*cama, mesa, banca*)
[2]**jubé** *vi pl* tener esposas (*varios hombres*) [*sing.*: **upé**]
juberi *s* 1. mesa
  2. banca
  3. cama de tablas
jubétami *s* piso de tablas
jubí *s pl* esposas [*sing.*: **upí**]
  aboni jubira sus esposas
juca *vi* oler **Hue su'hueti juca.** o **Hue su'hueti júcami ju.** Huele muy bonito.
  júcami *adj* que huele
juma *vi pl* correr **Ma júmama.** Ya van a correr. [*sing.*: **'ma**; *pret*: **júmari**]
jumsa *vi pl* huir [*sing.*: **'masa**]
jumta *vt* echar a correr
jurá *vt* enviar, mandar (*mensajero*) **¡Huaquiná jurá!** ¡Mándalo para acá! [*pret*: **júuri**]
jurárami *pp* mandado
juri *adv* sí, seguro

L

[1]**la** *s* sangre
nijé lalá mi sangre
[2]**la** *vt* hacer enramada
labá *s* hueja redonda (*reg.*), jícara
lábara *s* vena
lábari nervio
labata *vi* hacer huejas
láchamuri *s* ardilla amarillenta (*se sube a los árboles*)
lamari *s* sangre cocida, tripas cocidas
lamú *vi* sentirse adolorido por un golpe
lánahua *vt* teñir de anaranjado
lánami *adj* anaranjado
lasiba *vi* oxidarse
lasíbami *adj* oxidado
látami *s* enramada
léami *adj* sangriento
lena *vi* sangrar, desangrar
limeta *s esp* botella de vidrio
loca *vt* batir, mezclar (*pinole en agua*) [*fut.*: **locuama**]
'loché [*variante de* **'lohua**] tiene hambre
lochi *s* hueja alargada especial para sacar agua
'lohua, 'loché *vi* tener hambre [*fut.*: **'lohuama**]
lohuá *vt* revolver, menear
'lóhuari *s* hambre
lohué *vt* 1. abanicar
2. dar vueltas al aire (*con alguna cosa o con un mecate*)
3. tremolar [*fut.*: **lohuema**]
lohuera *s* abanico
lohuí *vi* tener rabia, estar loco (*que anda corriendo*) [*fut.*: **lohuiméa**]
lohuihua *vt* enfermar de rabia
lohuíami *adj* que tiene rabia
lomírahua *s* coyuntura
lomirachi en la coyuntura
lohuira *vt* pegar la rabia a otro
luhuá *vt* gastar (*ropa*)
luhuí *vi* gastarse (*ropa*) [*fut.*: **luhuimea**]
luhuíami *adj* usado, gastado

M

'ma, 'má *vi sing* correr **Huarínaga 'ma.** Corre recio. [*pl.*: **juma**]
'mahuá va corriendo
'maga corriendo
ma *adv* ya **Ma nahuari.** Ya vino.
ma' *s* caña de maíz
ma'agá *s* ciempiés
maba *vt* comer caña
mabá *imper* ¡vamos!
mabú *vi* arrancarse brincando **Que sayiná maburi biré chumarí.** De repente un venado se arrancó brincando.
macahui *s* paloma
macarachi *s* víbora chica con rayas blancas
macari *s* cuarta (*medida del dedo pulgar al meñique extendidos*)
macó *vt* agarrar (*entre las manos*)
macoy diez
macoy miná biquiyá trece
macoy miná biré once
macoy miná marí quince
macoy miná nahuó catorce
macoy miná ocuá doce
macúsuhua *s* dedo
nijé macúsuhuara mi dedo
machá *s* garrapata
[1]**machí** *vi* 1. saber, conocer
2. hay luz
3. verse bien [*fut.*: **machiméa**; *pp.*: **machíami**]

machíami *adv* claramente, que sabe bien
machibói hubieran conocido
machíiri podía ver
machirati fue conocido
machí oserí 'néniya sabe leer
machí pa lo extrae, lo saca
[2]**machí**, machíami *adv* afuera **Machí a'huari echi jaré huaasi.** Sacó (*echó afuera*) las vacas.
machí a'huá los echa afuera
machibú *vt* sacar
[1]**machiná** *adv* afuera
machímana por afuera
machímanomí afuera
[2]**machiná** *adv* claramente **Ne machiná aniri.** Lo dijo claramente. **Ne machiná ju.** Se ve bien.
machíi ver bien
machiná ju claro
machina *vi* salir
machina ba'huí brotar agua
machira *vt* descubrir, mostrar
machiri *s* alacrán
machíriami *adj* que puede ver
que machíriami *s* ciego
machirúami *adj* sabido **Gará machírarati chigá níiro.** Fue sabido quién era.
machirúami ju tiene fama
machisátiré *vi* como deben saber
machisí *imper pl* ¡que sepan!, ¡que conozcan!
'machó *vt* agarrar (*alguna cosa para no caerse*)
'mahuá *vi* ir corriendo *Véase* **'má**
mahué *vi* voltear, revolver (*tierra*)
mahuiyá *s* león, puma
majá, majahuá *vi* tener miedo
majajá *vi* espantarse
majaga *vt* temer, tener miedo
majáami *adj* cobarde, miedoso, temeroso
majahuihua *vt* temer **Gará níima majahuihua Riosi.** Sería bueno temer a Dios.
majajara, majajárata *vt* asustar, espantar
majajáriami *adj* espantoso
majajáratami *adj* atónito
majajó *vt* meter la mano
majajocha *vt* asustar
majárami *adj* nervioso
maleta *s esp* estuche (*para rifle*)
maná *vt* poner un recipiente (*p.ej.: una olla, una caja*)
maní *vi* contener un líquido **Echi sicorí hue maní ba'huí.** Esa olla contiene agua. [*fut.*: **maniméa**]
maníami que contiene un líquido
maparí *adv* cuando
maparí jonsa desde que
mapo'ná *adv* dónde
mapu *conj* para, que, el cual, quien
mapu chubiyiri cualquier clase o color
mapu churú cahué tamaño de un caballo
mapu iquí cuánto
mapujiti *conj* conque, porque
mapurigá *adv* como, según **Huabé bajíami nírari, achigóyiri mapurigá binoy onorá.** Resultó un borracho, igual que (*como*) su padre.
mapurigá atí tal como está
mapurigá echi Juani aní según dice Juan
mapurigá omérama a fin de que
mapuyena *adv* mientras
mapuyénasí *adv* 1. hasta que **Nijeni nochama mapuyénasini mema marisa macoy peso.** Voy a trabajar hasta que gane cincuenta pesos.
2. entre tanto, mientras
mapuyiri *adj* semejante (*en forma*)
mapuyiri ju es semejante

mapuyíripi *adj* cualquiera **Chapisí mapuyíripi 'yémitamo naquí.** Escojan cualquiera que quieran.

mará *s* hija (*habla del padre*)

nijé marara mi hija (*habla del padre*)

maracá *s* paleta

maracachi en la paleta

nijé maracara mi paleta

'marachi *s* gemelo

marachi *s* sobaco

maré *vi* tener hija el padre **Birépini maré.** Tengo una sola hija (*dice el padre*).

maréari que tenía hijas (*hombre*)

[1]**marí** *s, adj* cinco

maríana en cinco partes

marí alimuri cinco decalitros

[2]**marí** *s* padre (*de la hija*)

nijé mairá mi papá (*dice la hija*)

marichi *s* cervato (*venadito*)

marisa *adj* quinto

marisa macoy *adj* cincuenta

'masa *vi sing* huir [*pl.*: **jumsa**]

masábari *s* abanico (*que lleva el bailador matachín*)

'másari *vi pret* fugarse (*el preso*)

'masi *vi* huir

masó *vt esp* amasar **Batusí masómani.** Voy a amasar (*la masa*).

matá *s esp* metate

matúsari *s* mano de metate

matagá *s* palma (*de la mano*)

maticó *s* pinabete (*árbol*)

mató, matóchahua *s* hombro

nijé matóchahuara mis hombros

matochi en el hombro

matora *vt* llevar (*en hombros*), cargar (*en la espalda*)

matosá *s* canas

matosé *vi* tener canas

[1]**mayé** *vi* creer que sí, pensar, opinar **Nijeni mayé mapu ma cu nahuari.** Creo que ya vino.

[2]**mayé** *vi* tener celos

[1']**me** *s* maguey **Hue nirú 'me.** Hay muchos magueyes.

[2']**me** *vt* traer **¡Quiná 'me martillo pachá bu'huíami!** ¡Traiga el martillo que está adentro!

[3']**me** *adv* tanto, mucho **¿Chu 'me ucuri?** ¿Qué tanto llovió? **Tasi 'me ucuri.** No llovió mucho.

[1]**me** *vt* ganar sueldo

mésagá si gana (*condicional*)

[2]**me** *s* mezcal

'méchuri *s* cordero, borreguito

mema *vi* estar sentado (*con las piernas extendidas o cruzadas*)

mera *vt* corretear los animales

meta *vt* arrear, llevar (*animales*)

mi 1. *adj* aquel, aquella
2. *pron* tú, te **¿Chu mi rihué?** ¿Cómo te llamas? **¿Quipu mi cúchuhua?** ¿Cuántos hijos tienes tú?

mi yuhua contigo

micá *adv* lejos

micabé muy lejos

micabéana 1. *vi* alejarse, retirarse
2. *adv* un lugar lejos **Echo'ná micabéana simiri.** Se fue a una parte muy lejos.

micabéanta *vt* alejar

micó *vt* hacer muescas, hacer hueco

micótami *adj* hecho con muescas

michá *s* luna, mes

miché *vi* 1. tener o hacer mes **Ocuá michéami ju.** Tiene dos meses.
2. hacer luna

michí *vt* labrar con el hacha

michítami *adj* labrado

[1]**michira** *s* astilla

[2]**michira** *s* alacrán

michó *vt* pegar (*con marro o piedra*)

michona *vt* martillar, pegar rápidamente, clavar (*con martillo*)

clavo jiti michona clavar

michora *s* marro, mazo

michóntami *adj* clavado

michoyá *s* cresta de gallo

michú *vi* abollarse **Bote michuri mapari huichiri.** Se abolló el bote al caer. [*fut.*: **michuma**]
michúnari *vt pret* aplastar
michuri *vi pret* aplastarse
míisi, misi *s esp* gato
mijí *vt* asar
mijírami *adj* asado, tatemado
sapá mijírami *s* barbacoa
minana *adv* más allá, poco después
minánomí más allá
mi'riméa [*futuro de* **mi'ya**] matará
mi'rínari *vt* querer matarlo [*pret*:: **mi'rináari**; *fut.*: **mi'rinárama**]
mi'rírati fue matado
mi'ró *vi* desmayarse
misú *vt* poner una trampa (*de piedras para aplastar animales chicos*) [*fut.*: **misupo**]
misucuá *s* zarzamora
misugú 1. *s* trampa de piedras 2. *vt* estar poniéndole una trampa
misuri *s* una trampa de piedras
riquira *s* la piedra que cae de la trampa
mitá *vt* ganar (*en el juego o carrera*) **Tamí mitari.** Me ganó. **Mitirute.** o **Ma ta mitirú.** Nos ganaron. [*fut.*: **mitiméa**]
mitacha *vi* aplastarse (*cosa grande*)
mitáchami *adj* aplastado
mitáchana *vt* aplastar
mité *vt* trozar (*con hacha*), lo corta
miteba, muteba *vi* 1. falsearse (*tobillo*) 2. machucarse (*tobillo*) 3. torcerse (*tobillo*)
mitéchaní *vi* hacer ruido (*cortando con hacha*)
mitó *vi* 1. doblarse (*la pierna al andar*) 2. descoyuntarse
mitora *vi* sentarse (*con los pies cruzados*)
mi'yá *vt* asesinar, matar [*fut.*: **mi'riméa**]
miyérati *s* madrastra
nijé miyérati mi madrastra
'mo *vi sing* subir [*pl.*: **jima**]
'moyena va subiendo
moba *adv* sobre, encima
ripá moba encima de
mocá *s* cuero curtido, vaqueta
mocoyó *vi* ponerse la corona
mocoyora *s* la corona (*con plumas que llevan los bailadores matachines y los moros en la fiesta de Semana Santa*)
mocuásari *s* quelite (*siembran; comen cocido*)
mochocuá *s* helecho
mochogohua *vi* tener cerebro
binoy mochogóhuara su cerebro
rojuá mochogóhuara *s* bolas (agalla?) que crecen en los encinos
mo'huá *vt* poner adentro, encerrar (*animales, presos*)
mo'huáami *adj* puesto adentro
mo'hué *vt* 1. poner (*cartucho en el rifle*) 2. meterse (*el hilo al hacer una cobija*)
mo'huera *vt esp* poner, apoyar (*la cabeza en algo cuando se acuesta*). **Sitochi mo'huéramani.** Voy a poner la cabeza en esta esquina.
mo'huí *vi pl* entrar [*sing.*: **baquí**]
mo'huisí *imper pl* ¡Entren Uds!
mo'huibi *vi pret pl* desaparecerse **Júmsiga mo'huibi.** Se fueron corriendo y desaparecieron. [*sing.*: **aquibi**]
mojuá *vi* hacerse pedazos
mojuana *vt* quebrar (*en pedazos*) **Cáraga mojuari sicorí.** La olla se quebró en pedazos. [*fut.*: **mojonama**]
mo'né *s* yerno
nijé mo'nera mi yerno
mo'ó *s* cabeza
mo'ochí en la cabeza

huáasi mo'ora cabeza de vaca
mo'óchi *s* pájaro gris (*mediano, anda sobre las paredes en el invierno*)
mo'ora *vi* menear (*cabeza*) **Maparita naquí burénara, echi toro hue mo'ora.** Cuando queremos amarrar ese toro, menea mucho la cabeza.
mo'orépana *vt* descabezar **Ma mi'risá, huaminá mo'orépanabo.** Ya que esté muerto, vamos a quitarle la cabeza.
mo'orí *s sing* nuera [*pl.*: **mo'orítami**]
nijé mo'orira mi nuera
mujé mo'orira tu nuera
mo'oré *vi* tener nuera
moré *vi* sahumar **Echi jaré rarámuri sinibí hue moré maparí ahuí.** Los tarahumaras siempre sahuman cuando bailan. [*pret.*: **moreri**]
moruhuá *s* incienso
morérachi donde se quema incienso
morí *s* humo
morina *vi* subir el humo **Huarú morina.** Hace mucho humo.
morisó 1. *s* hollín
2. *vi* ahumarse
morisóbana *vi* ponerse negro (*de hollín*), ahumarse
morite si'rí sofocarse por el humo
morisota *vt* ahumar
[1]**moró** *vi* hay humo, hacer humo [*fut.*: **moroméa**]
moroyé *vi pret* hacer humo
[2]**moró** *s esp* moros (*los que llevan coronas con plumas en la Semana Santa*)
moruhuá *s* incienso
mosí *vt* desmenuzar (*entre las manos*)
mosítami *adj* desmenuzado así
mosobé *vt* 1. poner almohada (*bajo cabeza para dormir*) **Nimí mosobétama.** Voy a poner una almohada.
2. amarrar yugo **Mani mosoberi echi boisi.** Ya amarré los bueyes al yugo.
mosobera *s* almohada, yugo
motaba *vi* chocarse **A'nagú motábari.** Chocaron de frente (*los camiones*).
motosá *s* canas **Ma ochérami ju, hue motosé.** Ya está viejo; tiene canas.
motosé *vi* tener canas
motosera *vi* encanecer
moyá *vi* pudrirse (*maíz desgranado*)
moyáami *adj* podrido (*maíz desgranado*)
moyena *vi* ir subiendo **Ripá churichi moyena.** Va subiendo para arriba, al pico del cerro.
mubú *vt* elevar
mucú *vi sing* morirse, fallecer [*pl.*: **suhuí**; *fut.*: **mucuméa**]
mucúami *adj* muerto, difunto
múchari *s* nene, criatura **Ma nahuari biré táa múchari.** Ya nació una criatura.
muchiba *vi pl* sentar **Pachá carírari muchíbari.** Se sentaron adentro de la casa. [*sing.*: **asiba**]
muchímari *s* cuñado menor
nijé muchímahuara mi cuñado menor
muchínara *vt* hacer sentarse, desear sentarse **Tamujé tamí nureri muchínara.** Nos mandó sentarnos. **Tamujeta naquiri echo'ná muchínara.** Nosotros deseábamos sentarnos allí.
muchira *vi pl* estar sentados (*haciendo algo*) **Huarirá muchírari.** Estaban sentados tejiendo canastas.
muchisa *vi pl* levantarse (*de estar acostados*) **Ma muchísari.** Se levantaron.
muchuhua *vt* 1. poner (*una cosa o persona*) **Ibiri muchúhuari huenomí echo'ná muchuhuárahuachi.** Cada uno puso dinero allí donde se deposita dinero.

2. amontonar
muchuhuárahuachi lugar donde ponen algo
muchúhuachi cuando están reunidos **Nijeni rihuari echo'na pachá carírari muchúhuachi aboni.** Yo los ví cuando estaban reunidos dentro de la casa.
muchuhui *vi pl* estar (*sentados*) **Jena'ite muchuhui buhuée.** Aquí estamos sentados esperando. [*sing.*: **atí**; *pret*: **muchiri**; *fut.*: **muchima**]
muchibo estaremos (*sentados*)
muguí *s pl* mujeres [*sing.*: **muquí**]
mugúsuhua *vi* dar ataques epilépticos
mugúsuhuami *adj* epiléptico **Echi tihué hue mugúsuhuami ju; sinibí mugúsuhua simí.** Esa niña es epiléptica; siempre le dan ataques.
muhué *vi pl* aumentarse, rendir mucho **Huicabé muhueri chibá.** Aumentó mucho el número de las chivas.
muhuéami *adj* aumentado
muhuehua *vt* aumentar
muhuéhuarami *adj* añadido
mujé *pron* tú, usted **¿Mujeru?** ¿Y tú?
mujemi tú
mujé binoy tú mismo
mujé bucura su (*de usted, animal*)
mujé níhuara de usted
mujé pugura namuti sus (*de usted, animales*)
mujubú *vt* tirar flechas o balazos
muná *vi* subir (*de tierra baja*)
muné *vt* sembrar frijol **Munémani.** Voy a sembrar frijol.
muní *s* frijol **Muní bo'niméani.** Voy a pizcar frijol.
muní huipisó desvaina frijol
muquí *s sing* mujer [*pl.*: **muguí**]
muquira *s* hembra
torí muquira *s* gallina
murá *s* espiga
murarachi en la espiga
pachí murará la espiga de maíz
muré *vi* espigar (*la mata de maíz*) **Ma mureri.** Ya se espigó. [*fut.*: **murema**]
muripi *adv* cerca
murú *vt* hacer un liacho (*reg.*) (*carga amarrada*), preparar una carga, llevar una carga **Nijé cu muruma.** Voy a traer (*una carga de*) leña.
murubé *adv* muy cerca
murubé bitéami *s* prójimo, vecino
murubéana *vi* acercarse, arrimarse [*fut.*: **murubéanama**]
murubéanta *vt* poner cerca
murubehua *vt* arrimar, acercar
muruca *s* liacho (*reg.*), lío (*una carga amarrada*)
muruchi *s* chivato, cría de chivas
muruta *vi* llevar una carga (*en animales*) **Burítochi muruta.** Estamos llevando carga en un burro.
musí *s* tipo de pez negro, barbón
muté *vi* aplastarse
muteba [*variante de* **miteba**] falsearse, machucarse, torcerse (*el tobillo*)
mutébari 1. *s* el gusano (*del elote*) 2. *vi* agusanarse **Ma mutébari pachí.** Ya se agusanó el elote.
muteta *vt* aplastar
mutú *vt* levantar (*con los brazos*)
mututa *vt* llevar (*en los brazos*)
muyá *vi* pudrirse (*maíz, trapo mojado, cosa enterrada, madera*) [*pp.*: **muyáami**]

N

na, nari *pron* éste, ésta
na'á *vt* 1. hacer lumbre

2. quemar **¡Napichi na'á!** ¡Quémalo en la lumbre!

na'ahua *vi pl* enojarse, reñir [*sing.*: **yo**]

na'áhuata *vt* hacer enojar, alborotar [*sing.*: **yora**]

náapa *vt* alcanzar **Echo'ná buhuichimi náapama.** Allí en el camino me alcanzará.

na'árami *adj* quemado

náari [*pret. de* **nurá**] mandó (*llevar alguna cosa*) **Rimé náari.** Mandó las tortillas. **Ripóranaraga náari.** Mandó saludos.

náata *vt pl* seguir [*sing.*: **najata**]
  náatachi tiempo cuando le seguían

'nabé *adv* poco más allá **¡Pée 'nabé huirí!** ¡Párate allá, un poco más retirado!

'naca *adv* de lejos, de un lado **Micabé 'naca jonsa simiri.** De muy lejos vino.

nacá *s* oreja, oído **Echi Pegro huaminá ripúnari echi Malco nacara.** Pedro le cortó la oreja a Malco.

nacapari *s* mecapal **Sunú apérari nacapari jiti burugá.** Llevó un saco de maíz en la espalda amarrado con un mecapal.

nacara *s* 1. oreja de alguien
2. borlas de las cobijas **Ma luhuiri quimá nacara.** Ya se gastaron las borlas de la cobija.

nacaréhua *vi pl* ponerse de acuerdo **Aboni ocuá gara nacarehua chaní.** Ellos dos están poniéndose de acuerdo.

nacarópari *s* mariposa **Huicá 'yena nacarópari echo'na sihuácharachi.** Muchas mariposas andan allí, entre las flores.

nacátara *vi* hacer mucho ruido **Cúrohuí hue nacátara ri'yeca.** Los niños hacen mucho ruido jugando. **¡Cha nacátara!** ¡Cállate!

nacóhuami *s* homicida

nacóo *vi pl* pelear [*pret.*: **nacóori**; *fut.*: **nacórama**]

nacórata *vt* enchuecar [*pp.*: **nacórami**]

[1]**nacú** *vi* maullar (*el gatito*), gemir, chillar **Hue nacúchani cochí.** El perro gime mucho. [*pl.*: **niquiyá**]
  nacúchani gime
  nacunú está gimiendo

[2]**nacú** *vi* borrar, tapar la huella

nacuba *vt* borrar [*fut.*: **nacubama**]
  nacunú está borrándose

nacurihua *vt* cambiar **Biré cóchini nacuríhuama ocuá chibá yuhua.** Cambiaré un marrano por dos chivas.
  nacuríhuami *adj* cambiado

nacuríhua *vt* transformar

nachigó *vi* amarrar, anudar **Je'ná ocuá huiya tasi 'me gará ju mapujiti hue cúuchara ju; huaminá nachigopo.** Estos dos mecates no son muy buenos porque están cortos; vamos a amarrarlos para hacer uno largo.

nachihuí *vt* alcanzar **Quetásini nachihuiri sunú.** No me alcanzó el maíz.

nachú *vi pl* pegarse, contagiarse **Choré nachuri napachari.** Se le pegó trementina en la camisa.
  nachúcami está pegado
  nachúrachi en donde están pegados

nachucha *vt pl* poner juntos **¡Ripá mésachi nachútaga muchuhuá bachí!** ¡Ponga juntas las calabazas sobre la mesa!

nachuhua *vt* atizar los tizones (*a la lumbre*) [*fut.*: **nachuhuama**]

nachupa *vt pl* conectar

nachuta *vt* repartir, distribuir **Nurari nachutánara.** Le mandó distribuirlos. [*fut.*: **nachutama**]

na'é *vt* 1. prender la lumbre, atizar **Huarú na'eri.** Prendió una lumbre grande.
2. quemar pelo (*Cuando le ponen nombre queman unos pelos del niño.*) **¿Chigá na'eri?** ¿Quién le quemó unos pelos?
na'érami *adj* prendido
'nagá mirando **Echo'ná huepi 'nagá jari.** Solamente estaban parados allí, mirando.
[1]**nahuá** *vi sing* llegar [*pp.*: **nahuagé;** *pl.*: **si**]
nahuagá viniendo
[2]**nahuá** *s* raíz **Ma nahuarari.** Ya le salieron raíces. **O'huari nahué.** Tiene raíces grandes.
ocó nahuara raíces de pino
nahuají *vi* cantar, entonar himnos
nahuará *vi* enraizar **Ma nahuéami ju.** Ya está enraizado.
nahuara *vt* dar a luz, parir [*pret.*: **nahuárari**]
nahuari nació un niño
nahué *vi* tener raíz
nahuéami que tiene raíces
nahuena *prep* entre los dos **Arí bicheta nahuena chapiri.** Entonces, entre los dos lo agarramos. **Nahuéniga nochabo.** Vamos a trabajar los dos juntos. **¡Nahuéniga simíbaga!** ¡Vayan los dos juntos!
nahuesa *vt* avisar, predicar
nahuésami *s* el que habla en público, predicador
nahuésanara *vi* tener ganas de predicar
nahuésarami *adj* avisado, predicado
nahuíi *vi* acercarse **Tamí nahuíiri.** Se acercó a mí. **Bitichí nahuíiri.** Se acercó a la casa. **Nijé echo'ná nahuíiri.** Yo me acerqué allí.
nahuisá *vi* hablar en público, predicar **Júuri nahuisánara.** Le mandó a predicar. **Nahuisásiya simiri.** Fue a predicar. [*pp.*: **nahuisárami**]
nahuisura *vi pl* formar fila
nahuó *adj* cuatro **Nahuoca pari.** Lo trajeron entre cuatro.
nahuóana *adj* en cuatro partes
nahuoca entre cuatro
nahuosa cuarto, cuarta
nahuosa macoy *adj* cuarenta
[1]**na'í, na'ibi** *adv* aquí
jena'í aquí
[2]**na'í** *s* lumbre
na'írari en la lumbre
najarapa *vi pl* estar luchando [*sing.*: **nijirapa**]
najarápami *s* luchador, abusador (de mujeres)
najata *vt sing* seguir **Hue naquiri najátanara.** Quería seguirle. [*pl.*: **náata**]
najató ¡síguelo!
najirema *vi pl* ser hermanos **Najirétami ju.** Son hermanos.
najirémami *s* hermanos, primos hermanos
najita *vi* metamorfosear, transformarse **Sayahui chipahuí najita.** La víbora se transforma en ardilla de la tierra. (*creencia*)
najuí *vi pl* caerse (*muchas cosas, una trinchera*)
najuina *vt* tumbar **¡Najuiná!** ¡Túmbalos! [*pp.*: **najunárami;** *fut.*: **najunama, najuinama**]
na'mí *vi* caerse (*un pino, un poste*) **Ocó ma na'miri.** Un pino ya se cayó.
nami *vi* 1. oír **Hue ocó nacachí, nijeni quetasi gará nami.** Me duele mucho el oído, no oigo bien.
2. entender bien [*pret.*: **námari;** *fut.*: **námama**]
námanarasagá si quiere oírlo

na'mina *vt* tumbar (*un pino*) **Echi ocó ma huaquichéami ju; ma na'minabo.** Ese pino ya está seco; lo tumbaremos. [*fut.*: **na'minama**]
namuti *s* cosa, animal **Nirú huicabé namuti.** Hay muchas cosas.
  carúmati namuti cosas de todas clases
  cami namútari cosas notables
nané *vi* sonar mucho
na'oma *vt* 1. tapar (*por encima o de arriba*) **Riposi ma na'ómari.** La tuza ya lo tapó.
  2. borrar [*pret.*: **na'ómari**; *fut.*: **na'omama**]
na'omárami *adj* tapado
napabá *vt* estar tirando (*piedra*)
napabú *vt pl* juntar, reunir [*sing.*: **napachota**]
napacha 1. *vi* tener camisa, ponerse la camisa **Nijeni napachama.** Me voy a poner la camisa.
  2. *s* camisa **Echi tohui birepi napacha.** Ese niño tiene solamente una camisa.
  nijé napáchara mi camisa
  napachata *vt* ponerle una camisa a otro
  napacháratre *s* muchas camisas
napachapa *vt* quitar la camisa
napachó *vi pl* pegarse, quedarse pegados
napachota *vt sing* pegar, juntar, unir [*pl.*: **napabá**]
napahuí *vi pl* juntarse **Ma napahuiri huicabé pagótami.** Ya se juntó mucha gente. [*pp.*: **napahuíami**]
  napahuipo *vi* nos juntaremos
  napahuíi *vi* estaban juntos
  napahuísari *vi* estaban juntándose
napahuícahuachi *s* lugar donde se juntan, tiempo en que se juntan
napahuícami *adj* juntos, unidos
napahuísiami *s pl* los que se juntan **Bachá napahuísiami ra'íchamani.** Voy a hablar a los que se juntan primero.
napari *s* tipo de avispa amarilla
naparí *s* tábano (*insecto*)
napasú *vt* remendar, volver a coser
napé *vi* 1. juntarse **Echi chibá huaminá huaná iyénari, chopi ma naperi echi auché jaré yuhua.** Esa chiva andaba aparte, pero ya se juntó con las otras.
  2. juntarse (*casar*) **Echi rijoy ma naperi biré muquí.** Ese hombre ya se juntó con una mujer.
napéa *adv* también, con, juntos **Copoa muní, rimé napea.** Comeremos frijoles con tortillas.
napichi en la chimenea, en la lumbre
¹**napihua** *vt* escardar, deshierbar con azadón **Ma napíhuari pachí.** Ya escardó las matas de maíz. **Muní napihuámani.** Voy a escardar frijol.
²**napihua** *vt* hacer nixtamal **Ma napíisa, rimé nihuámani.** Después de hacer nixtamal, voy a hacer tortillas. [*pret.*: **napíiri**; *fut.*: **napíima**]
napíhuari s nixtamal
napisó 1. *s* polvo, ceniza
  2. *vr* pegarse con cenizas [*pret.*: **napisóori**; *fut.*: **napisórama**]
¹**napó** 1. *vt* deshierbar (*con la mano*), **Sacará napómani.** Voy a deshierbar con la mano.
  2. *vi* quebrarse (*palos*) **Echi cusí huaminá napori.** El palo ya se quebró. **Ripurá cusirá huaminá napori.** El mango del hacha se quebró. *Véase* **opó**
  napórami *adj* deshierbado
²**napó** *s* tuna **Urí hue nirú napó.** En la barranca hay muchas tunas. **Irá ma napótari.** El nopal ya tiene tunas.

napóami *adj* clueca **Echi torí ma napóami ju.** Esa gallina ya está clueca.

napona *vt* quebrar **Cúuchi naponámani echi charihuá.** Voy a quebrar las ramitas en pedacitos.

napora *vi* cubrirse la cara

napori *s* pañuelo, lienzo (*paño para amarrar el cabello*) **Napori rariméani.** Voy a comprar lienzo. **Napori cohuémani.** Voy a ponerme el paño en la cabeza. **Coyécami ju.** Tiene el paño puesto alrededor de la cabeza.

napota 1. *vi* enclocarse (*gallina*) **Torí ma napótari.** La gallina ya se enclueció.
2. *vt* empollar **Que cho napótami ju ca'huara.** No están empollados los huevos.
napú el huevo se empolla

napuchi *s* puerto (*entre las montañas*)

naqué *vi* tener oídos **¡Echi jaré mapu iquí naqueco, gará namsi!** ¡Los que tienen oídos, oigan! [*pp.*: **naquéami**]

naquétari *adj* 1. sordo
2. que tiene orejas (*muy largas o muy chicas*)

naquí *vi* querer, desear [*fut.*: **naquiméa**]
naquisáagá si quiere

naquibú *vt pl* amarrar juntos

naquichí *vi pl* 1. despreciar
2. odiar **Sinibí hue naquichica piré.** Siempre viven odiándo el uno al otro.

naquihui *vt* permitir **¿Chigá gará naquíhuari mapu jena'í baquimea?** ¿Quién le permitió entrar aquí? **¿Quecha tamí naquíima mápuni simea?** ¿No me permite ir? [*fut.*: **naquíima**]

nará *vi sing* llorar [*pl.*: **naraca**]
naráchani *vi* oír llanto

narácuri *s* caracol

naraquéami *s* llorón

narasi *s* naranja

naré *vt* recibir, aceptar [*fut.*: **narema**; *pp.*: **narétami**]
narigá recibiéndolo

narepa *vt* saludar (*con la mano, tocando el hombro*) **¡Narepa!** ¡Salúdale! **Matochi cho'nogá narépari.** Tocándole el hombro, le saludó. [*pret.*: **narépari**; *fut.*: **naripama**]

na'rí *vi* quebrarse (*palo, pierna, cuerno*)
na'ríchani *vi* oír que se quiebra

nari [*variante de* **na**] éste, ésta

naribochi, naríhuari, naríiri, nariyochi *s* lobo

narina *adv* lugar cerca (*en el mismo nivel*)

na'rina *vt* quebrar

narírahui *adv* lugar cerca (*en el mismo nivel, escondido*)

na'rohua *prep* 1. con, también **Pámani sunú, muní na'rohua.** Traeré maíz, y frijol también.
2. mezclado con **Pari cu huaquichéami, cu sa'míami na'rohua.** Trajo leña seca, mezclada con leña verde.

narúchari *s* araña
narúchari carira, narúchari rosorá telaraña

nasayera *vi* hacerse enemigos

nasina, nasinácuri *vi* tener flojera [*fut.*: **nasinama**]

nasínami *adj* perezoso

nasipa *adj* medio
nasipa rocogó medianoche

nasipasí *s* mitad

nasípasigó *s* miércoles

[1]**nasó** *vt* guardar, esconder [*pp.*: **nasótami**]
nasórati fue guardado, fue escondido

[2]**nasó** *vi* mezclarse, revolver
nasóami *adj* revuelto
nasohua *vt* mezclar [*fut.*: **nasohuama**; *pp.*: **nasohuárami**]
nasonó *vi* estar mezclándose
nasohuá ¡Mézclalo!
'nata *vi* pensar **¡'Natá!** ¡Piense! [*fut.*: **'natama**]
natabú *vt* perforar, taladrar
nataguésuri *adj* tonto (*no piensa bien*)
natahuí *vi* salir por el otro lado (*después de perforarlo*)
'nátami *adj* pensador, inteligente
'nate *adv* difícil, trabajoso **Huabé 'nate ju.** Está muy difícil. **Huabé 'nate nirátiré.** Es muy trabajoso, tal vez. **Huabé 'nate ijínari.** Era muy trabajoso.
natéami *adj* costoso, que vale
nateguí [*variante de* **natiguí**] cuesta
natepa *vt* encontrar [*fut.*: **natipama**]
natépari *s* listón (*para el cabello*)
nateta *vt* pagar **¡Riosi natétarabá!** ¡Que Dios se lo pague! [*pp.*: **natétarami**]
natérarabá ¡gracias!
natétara aní dar las gracias
natétara 'ya agradecer
natétarahua *vt* pagar **¿Churigá natétarahua?** ¿Cómo le pagan? [*pp.*: **natétiami**]
natibú *vt* atajar
natigara *s* paga, valor
natiguí, nateguí *vi* valer, costar **¿Quipu natiguí?** ¿Cuánto vale?
natimá *vi* tener lástima o compasión, compadecer
natipama [*futuro de* **natepa**] encontrará
nayá *adv* mucho antes **Qui'yá nayá piréari.** Vivieron mucho antes.
nayáhuari *s* antepasado **A'nayáhuari cóoboruhua.** Vamos a dar comida a los espíritus de los antepasados. [*pl.*: **a'nayáhuari**]
'nayáhuari almas de los antepasados
nayú *vi* enfermarse, estar enfermo **Nayúnaga mucuri.** Se enfermó y murió. **Queni onó hue nayurú.** Mi papá está muy mal (*de salud*). [*pl.*: **nayuca**]
nayuna *vi* enfermarse
nayúami *adj* enfermo **Echi jaré mapu nayúcaco.** Los que están enfermos. [*pl.*: **nayúcami**]
nayurí *s* enfermedad [*pl.*: **nayúcohuami**]
tamujé nayúcahuara nuestras enfermedades
nayuta *vt* poner enfermo
'né *vt* ver **Simiri 'némia.** Fue a verlo. **Simíbari 'nébia.** Fueron a verlo. **¡Simíbaga 'nébasi!** ¡Vayan a verlo! [*fut.*: **'nema**]
'nébasi ¡Véanlo!
'némia *vt sing* a verlo
'nébia *vt pl* a verlo
'ne *vt* mirar, observar
ne *adv* muy, sumamente
'nécohuachi cuando estaban viéndolo
néchigo *adj* igual **Néchigo yiri ju.** Se parecen mucho.
achigo yiri ju es igual
née *vt* usar
nehuará *vi* acordarse, recordar **Que nehuarani** No recuerdo. **Nijeni quetasi nehuará** Yo no recuerdo. [*fut.*: **nehuarama**]
nehuarábanari *vt pret* hacer recordar
que nehuarábanari los confundieron
que nehuaráqueni me equivoqué
nehuaré *vt* necesitar, hacer falta **Echi jaré rarúmuri hue nehuaré sunú.** A los tarahumaras les hace mucha falta el maíz.
nehuaréami *adv* falta de algo
nehuarita *vi* *Solamente se usa en sentido negativo; p.ej.:* **que nehuarita** está loco, no piensa bien

nehuiquí *Solamente se usa en sentido negativo, p.ej.:* **que nehuiquiri** se desapareció
'nena *vi* estar mirando
'neni *vi* mirar
nibí, nibira ¡mira!, ¡fíjate!
ne'ogá *s* voz
ne'oguéami *adj* muy hablador
ne'ogué *vi* 1. hablar malas cosas 2. ser hablador
nepi *adv* muchísimo
'nera *vt* mostrar
ni biré ni uno
nicá *vi* ladrar [*pret.*: **niquiyari**; *fut.*: **niquiyama**]
niquiyáchani *vi* oír ladridos, aúllan (*perros*)
nicahuera *vi* estar orgulloso, vanagloriarse
nicóami *s* asesino, homicida
nicumé *vi* hacer estorbo
nicuméami *s* que anda estorbando
'nigá viéndolo, mirando **'Nigá jari.** Estaban parados, mirando.
nigúura *vt* ayudar, salvar
nigúurami *s* ayudante
nihuá *vt* hacer [*pp.*: **nihuárami**]
nihuagá haciéndolo
nihuaríhua *vi* hacerse
nihua *vt* tener, poseer
níhuami *adj* poseedor, rico
níhuara (*posesión*) **¿Chigá níhuara ju?** ¿Quién es el dueño? (*de una cosa*)
nijé níhuara mío
mujé níhuara tuyo
binoy níhuara de él
cochí níhuara del perro
nihuaríhua *vi* hacerse **Echi ripurá cusirá echi uré jiti nihuaríhua.** El mango de hacha se hace del fresno.
níhuata, níhuita *vi* estar haciéndose rico **Echi rijoy hue níhuata, mapujiti huáasi huicabé muhuéari.** Ese hombre está haciéndose muy rico, porque su ganado está aumentando mucho.
ni'huí *vi* relampaguear **Bi'yá rocogó hue ni'huiri ucuhuí.** En la madrugada relampagueó mucho.
nihuíami *s* comprador de maíz
nihuícohua *vi* casarse [*pp.*: **nihuícami, nihuícohuami**]
nihuíi *vt* hacer (*alguna cosa*) **Echi rijoy tamí nihuíiri biré carí.** El hombre me hizo una casa.
níhuita [*variante de* **níhuata**] está haciéndose rico
níima [*futura de* **ju**] será, estará
níibo seremos, estaremos
níimiri *vi* sería, serían
níiro *vi* era(*n*)
níisa *vi* siendo
nijá *vt* dar, entregar **Riosi nijá huabé gará rahué.** Dios da el día bueno. **¿Chigá nijari?** ¿Quién se lo entregó? **Echi rijoy nijari.** Ese hombre lo entregó.
nijé *pron* yo
nijé binoy yo mismo
nijé níhuara *pron* mi, mía, mío
nijehua *vt* 1. hacer caso **Echi rijoy quetasi tamí nijéhuari.** Ese hombre no me hizo caso. **Quetasi tamí nijéhuanari.** No quería obedecerme.
2. contestar, responder **Maparini ra'íchari, quetasi tamí cu nijéhuari.** Cuando le hablé, no me contestó. [*fut.*: **nijéhuama**]
nijiyá ¡Pon atención!
nijí *vt* dar, entregar, obsequiar **Nijeni nijiri huenomí.** Yo le di dinero. **¿Chigá nijiri?** ¿Quién se lo dio? [*pp.*: **nijírami**]
nijímoruri *vt Le había dicho que le iba a dar.*
nijirapa *vi sing* estar luchando [*pl.*: **najarapa**]

nijiyama *vi fut* hacer caso, responder **¡Nijiyá!** ¡Haga caso!
nijiyárama *vi fut* obedecer **Echi tohuí quetasi 'me gará nijéhuami ju; chopi nijeni arigá nijiyárama.** El niño no obedece; pero yo le voy a hacer obedecer.
nijohua *vt* invitar (*a ayudar en el trabajo*)
nijóhua *vt* invitar (*para tomar tesgüino*)
ni'mayé *vi* tener celos
ni'mayéami *adj* celoso
nimí *pron* yo a ti **Nimí garé.** Yo te amo.
nimica *vt* contradecir
'niná *vt* ver **Ripá 'ninama.** Verá para arriba. **¡Gará cu 'niná!** ¡Abre los ojos y ve! **¡'Ninasi!** ¡Vean!
nipá *vt* cobrar **Echi rijoy hue nipari.** Ese hombre cobró mucho.
nipáami *s* cobrador
niquí *vt* picar **Echi ripuchí hue niquí.** Las pulgas pican mucho.
niquíami *s* picador
niquiyá *vi pl* aullar (*perros*) [*sing.*: **nacú**]
nirá *vi* 1. parecer bien **Garabé nirari.** Le pareció muy bien. 2. respetar
niráa *adv* como **Chapiri biré muquí mapurigá quepu upí niráa.** Tomó una mujer como esposa.
níraga *vi* ser **¡Echirigá níraga!** ¡Así sea! **Echi rijoy mapurigá huarura níranara.** Ese hombre quiere hacer grande.
nírasi *imper* sean **¡Garabé nírasi!** ¡Sean buenos!
nírata *vt* animar, dar fe
níriami *adj* jactancioso, vanidoso
nirú *vi* hay **Hue nirú sunú.** Hay mucho maíz. [*pret.*: **nirúuri**; *fut.*: **nirúrama**]
nisé *vt* cuidar, pastorear
niséami *s* pastor
nitapa *vt* 1. empujar (*bueyes*) 2. aplastar **Napahuica jáhuachi biré rijoy hue nitápari.** La gente aplastó a un hombre porque estaban parados muy juntos.
nité *vi* patear (*animal*) **Echi cahué huabé nité.** Ese caballo patea mucho. **Echi cahué tamí niteri.** Ese caballo me pateó.
nitoba *vi* adelantarse **Echi rarajípami ma micabé nitóbari.** Esos corredores ya se adelantaron mucho. [*pret.*: **nitóbari**; *fut.*: **nitóbama**]
ni'yoca *vi* hacer sonidos (*con la voz*)
 ni'yóchani *vi* oír una voz
ni'yúbana *vt* soltar [*pret.*: **ni'yúbanari**]
ni'yura *vi* vencer, ganar (*en carrera o juego*) **Échico ma ni'yúrari.** Ese hombre ya ganó. [*pret.*: **ni'yúrari**; *pl.*: **na'úrari**]
ni'yusa *vi* soltarse, escaparse
[1]**no** *s* hijo (*en relación al padre*)
 queni no, nijé norá mi hijo (*habla del padre*)
[2]**no** *vt* confiar
no' *vt* admirar **Nijeni gará no' sihuáchari.** Yo admiro las flores.
 inoya admirándolo
nocá *vi* moverse [*fut.*: **nocoméa**]
nocohué *vi* moverse **Juma nocohué.** Empezaron a moverse.
nocuá *vi* moverse, temblar (*la tierra*) **Hue nocuari cahuí.** Tembló la tierra. [*fut.*: **nocomea**]
nocuáami *s* que se puede mover
 cha nocuáami travieso
 chibi nocuáami malhechor
nocuara *vt pret* mover (*ir*) **Osá rahué nocuárata simiba echo'ná tu bacochi.** Hicimos dos días en ir allá abajo al río.
nocuíchane *vi pret pl* comenzar a decir
nocuisa *vi sing* seguir haciendo algo **Arigá nocuísabo.** Siempre seguiremos haciéndolo. **Chibi**

nocuísari. Siguió haciendo mal. **Huaminabi nocuísabo garabé orayá.** Seguiremos haciendo bien. [*pret.*: **nocuísari**; *fut.*: **nocuísama**] *Véase* **sísari**

nochá *vt* tentar, tocar (*con la mano*) **¿Chigá nocharo?** ¿Quién le había tocado?
  nochogá tentándolo

nocha *vi* trabajar **Tamí júuri nochánara.** Me mandó a trabajar. [*fut.*: **nochama;**]
  nochá ¡Trabaja!
  nochasi ¡Trabajen ustedes!
  nochánara queriendo trabajar

nóchami *s* obrero, trabajador

nochara *vt* poner a trabajar, ocupar [*pp.*: **nocháratami**]
  mapo'mí nochárahua donde hay trabajo

nochárata *vt* emplear

[1]**nóchari** *adj* difícil **Huabé nóchari ju nihuarihua echi raberi.** Es muy difícil hacer un violín.

[2]**nóchari** *s* trabajo **¿Acha nirú nóchari jena'íbi?** ¿Hay trabajo aquí?

nochásia a trabajar (*varios*) **Auché biréana simíbari nochásia.** Fueron a otra parte para trabajar.

noguí, noquí *adv* casi **Ne noguita suniri.** Casi acabamos. **Ne noguí buchiri.** Casi se llenó. **Ne noguí.** Casi. **Noguí ne sinibí.** Casi siempre.

nohua *vi* tener un hijo (*hombre*)
  nóhuami que tiene un hijo (*hombre*)

nohuí *s* gorgojo de la tierra

nóochami *adj* orgulloso
  nóocha *vi* tener orgullo

noporí *vt* inundar **Mapuarí huarú bu'huíbari ba'huí, cáraga noporiri echi carí.** Cuando creció el arroyo se inundó completamente esa casa.

noporíbana *vt* cubrir (*con agua*) **Ba'huí noporíbana.** El agua lo cubre completamente.

noqué *vt* mover
  nocuá *vi* moverse

noquí [*variante de* **noguí**] casi

'nora *vt* traer [*pret.*: **nóori**; *fut.*: **norama**]

norahua *s* marchante (*uno con quien trata la compra o venta*)

[1]**noré** *vt* rodear [*pret.*: **noreri**]

[2]**noré** *vi* estar nublado [*pp.*: **noréami**]

[1]**noreba** *vi* nublarse [*pret.*: **norébari**; *fut.*: **norérama**]

[2]**noreba** *vt* dar vuelta **Mani norébari irichi.** Ya dí una vuelta alrededor del cerco.

norera *vt* ir alrededor, rodear

[1]**norí** *s* nube
  norirá nublarse

[2]**norí** *s* vuelta **Rarajípabo macoy norí.** Vamos a correr diez vueltas.

norigá *adv* alrededor

norina *vi* volver, venir **Ba'arini cu norínama.** Mañana volveré. **Ma cu norínachi 'yámani.** Cuando venga yo te lo daré.

norira *vi* andar dando vueltas
  norírami *adj* que hace vueltas

Norírahuachi *s* Semana Santa (*cuando andan dando vueltas de una iglesia a otra*)

norohuí *vi* ocultarse (*al pasar al otro lado*)

norohuiri *vi* desaparecerse (*al pasar al otro lado del cerro*)

nosobú *vt* descomponer, echar a perder
  nosobúami *s* lo que destruye o descompone

nosohuí *vi* descomponerse
  nosohuíami *s* que se descompone
  nosohuírachi lugar en que se descompuso
  nosohuínari quiere descomponerse

nosohuisa descomponiéndose
nosohuísagá si se descompone
nuchuguéami *pp* que sigue a otro constantemente porque lo quiere
nurá *vi* mandar, ordenar [*pret.*: **náari**]
nuráami *s* el que manda a otros
Riosi nurarira los mandamientos de Dios
nuraríhuami *s* ley, mandamiento
nuré *vt* mandar (*a otro*) **Tamí nureri.** Me mandó.
nuréami *s* el que manda (*a otro*), mandado
nuté *vt* 1. guardar, retener **Pachá carírari nutebo torí ca'huara.** Vamos a guardar los huevos dentro de la casa.
2. alzar
3. tener comida [*fut.*: **nutuguérama**]
nutugá *s* lonche, merienda
nututa hacer merienda

O

[1]**ocó** *vi* doler
ocorá tiene dolor
[2]**ocó** *s* pino
ocó musurara corazón del pino
ocórari entre los pinos
ocuéachi donde hay pinos
ocochí *vi pl* dormir [*sing.*: [3]cochí]
ocohuí *s* corcové (*reg.*; *chotacabra pájaro*)
oconá en dos partes
ocósuhui *s* hojarasca de pino
[1]**ocuá** *prep* de (*desde*)
[2]**ocuá** *adj* dos
ocuá cá de dos en dos
ocuaca entre dos
ocuánica ambos
ocubá *vi* estar plano
ochébana *vt* criar
ochéi *vt* tener huesos **Huabé nacórami ochéi.** Tiene huesos muy chuecos. **Je'ná sapá hue ochéami ju.** Esta carne tiene muchos huesos.
ochera *vi* 1. crecer **Huarú ochérari echi tohuí.** Ese niño creció mucho.
2. envejecer (*hombre*)
ochera aní tiene hipo
'ochérami *s pl* viejos, ancianos
ochérami 1. *adj* viejo (*de hombres*)
2. *s* un viejo
ochí *s* hueso
huaasi ochirá huesos de res
ochícari *s* 1. abuelo paterno
2. nieto (*del abuelo paterno*)
nijé ochícara mi abuelo paterno
ochó *vt* pegar (*con la mano*)
ochoná le pega a uno (*con la mano*)
ochobé *vt* chamuscar
ochobeta *vi* quemarse (*comida o alguna cosa dejada cerca de la lumbre*)
ochoréami *adj* mugriento
ochorí *s* barro
ohuá *s* flecha **Ohuá ca inaro.** Anda llevando flechas.
ohua *vt* curar [*pret.*: **óhuari, óori**; *fut.*: **óhuima, ohuama, óoma**]
ohuáami *s* medicina, remedio
o'huari *adj* 1. grande **Cúruhui ma o'huari ochérari.** Los niños ya crecieron grandes. [*sing*: **huarú**]
2. ruidoso, fuerte, recio **O'huari sinácari.** Gritaron recio. **O'huari ra'íchari.** Habló en alta voz.
o'huéara *s pl* los grandes, los jefes [*sing.*: **huarura**]
o'huéarapara *s* los más grandes (*los niños, cosas*)
ohuí *vt* invitar [*pp.*: **ohuítami**]
o'huí *vt* lazar, enlazar (*un animal*)
o'huibichi *adj* zurdo
o'huicha *vt* levantar (*p.ej.: costal de maíz, piedra grande*)

ohuina *vi sing* levantarse [*pret.*: **ohuínari**; *pl.*: **o'huina**]
ohuínta *vt* levantar
cu o'huína resucitar
o'huina *vi* comenzar
o'huiná *adj* izquierdo
[1]**o'huiqué** *vt* respetar, obedecer
[2]**o'huiqué** *vt* dar comida (*regalada*)
ohuira *adj* macho
torí ohuira gallo
ojuí *s* oso
omá *adv* también **Tamí 'yari rimé, muní omá.** Me dieron tortillas con frijoles también.
o'máana *adv* en todas partes (*donde hay gente*)
omahua *vt pl* hacer fiesta [*fut.*: **omohuama**]
omohuárahuachi *s* día de fiesta
omáhuari *s* fiesta
oméachi *s* domingo
omeba *vt sing* vencer **Échico tamí omérari.** Ese hombre me venció.
[1]**omée** *vi* ser venenoso **Echi si'richá hue chati omée.** Ese hongo es muy venenoso.
[2]**omée** *vi* estar difícil **Huabé oméami níiri.** Estaba muy difícil.
hue oméami *adj* trabajoso
omérahuami *s* poder
omériami *adj* poderoso
omero *vi* poder [*pret.*: **omérari**]
oméraga pudiendo
o'mona *vi* estar triste, entristecerse [*fut.*: **o'monama**]
o'monata *vt* entristecer
o'mónami *adj* triste
ónami *s* doctor, médico
oné *vt* tener padre
onéami *s* que tiene padre
[1]**onó** *s* padre (*del hijo*) *Véase* **marí**
binoy onorá el padre de él
onorúami *s* padre
[2]**onó** *vi* estar enojado **Ne huabé onó.** Está demasiado enojado. *Véase* **yo**

o'nogári *vi pl* tener costumbre de hacerlo **Je'ná jeriga o'nogari.** Así teníamos la costumbre de hacerlo. [*sing.*: **o'oyóori**]
Onorúami *s* Dios Padre
o'oyóori *vi sing* tener costumbre de hacerlo **Echarí nijeni echirigá o'oyóori.** Entonces yo tenía la costumbre de hacerlo así. [*pl.*: **o'nogári**]
opesi *vi* vomitar, basquear
opó *vt* arrancar, sacar **Toni opómani.** Voy a sacar el poste.
napó *vt* arrancar (*las hierbas parejitas*)
opoátami *adj* hueco **Echi ulúbasi opoátami níiri.** Ese madroño estaba hueco.
opochi *s* tía (*hermana menor del padre*)
nijé opóchara mi tía
oquiri *s* rata de zacate
[1]**orá** *vt* hacer, obrar **Tamí chati orárari.** Me obligó a hacer el mal. **Nurari oránara.** Le mandó hacerlo. **Tamujé 'yénari 'nata churigá orábia.** Anduvimos pensando en como lo podríamos hacer.
oroyá haciéndolo
oránara tiene ganas de hacerlo
[2]**orá** *vt* desgranar maíz **Sununi orá.** Estoy desgranando maíz.
sunú orirúami maíz desgranado
[3]**orá** *vi* tener filo **Hue gará orá.** Tiene buen filo. **Gará oáami ju echi ripiyá.** El cuchillo tiene filo.
oráami *adj* afilado
orara *vt* afilar [*fut.*: **orárama**]
orari *vi pret* querer **Co'mea orari.** Quiso comer. **Simea orari.** Quiso irse.
oré *s* huella **Jami oré basachí.** Aquí hay huellas de coyote.
[1]**o'rí** *vi* ladear (*un pino, un poste*)

[2]**o'rí** *s* español

[3]**o'rí** *vi* tambalearse

[1]**orí** *adj* español, mestizo

orí ra'íchara castellano

[2]**orí** *s* táscate (*árbol de la familia del cedro*)

[3]**orí** *vt* hacer así [*pret.*: **oríiri**; *fut.*: **oríima**]

chati oríriami *s* que enseña a hacer mal

ori *vt pret* curar

orihua *vi* gemir (*perro*) **Cochí hue orihua iyena.** El perro anda gimiendo.

orihuáchani oír gimiendo

[1]**o'rina** *vt* ladear **Ma o'riri muruca.** Se ladeó la carga. **Toni ma o'riri.** Se ladeó el poste.

[2]**o'rina** *vt* quebrar

orique *s* plato regional (*maíz blando remolido, y cocido en agua como un atole muy espeso*)

[1]**osá** *vi* escribir **Nijeni bineri osoyá.** Aprendí a escribir. [*fut.*: **osiméa**]

osirúami *adj* escrito

[2]**osá** *adj* segundo **Osá sérari** Ya era la segunda vez.

osánamótami empalmado (*segundo piso de una casa*)

osá macoy *adj* veinte

osá nahuó *adj* ocho

osá nahuosa *adj* octavo

osá nahuosa macoy *adj* ochenta

osé *vi* 1. escribir **Que cho tamí oseri.** No me ha escrito todavía. 2. pintarse, marcar (*con cal*) **Echi bariseo ma oseri echi ricá jiti.** Los fariseos (*en la fiesta*) ya se pintaron de blanco con una piedra blanca. [*pp.*: **osirúami**]

Riosi oseríhuara la escritura de Dios

Riosi oseríhuarachi en el libro de Dios

oserí *s* papel, carta

oserí 'nena *vt* leer

oserí osé *vt* levantar una acta

osorí *s* tipo de quelite de agua

otérami *s* muela

otobé *s* canasta grande

otohuá *s* rama grande

otohuata *vi* echar ramas grandes (*árbol*)

otohué *vi* tener ramas grandes

otohuéami *s* enramada

otoná *adj* derecho

óyami *s* curandero, médico

oyera *vt* 1. regañar 2. dar consejos (*como cuando hacen justicia*) 3. llamar la atención (*cuando está haciendo algo malo*)

[1]**o'yó** *vi* vomitar, basquear **Nijeni hue o'yónari.** Tuve ganas de vomitar.

[2]**o'yó: pe o'yó** poco a poco **Pe o'yó 'yama sunú.** Poco a poco les darán maíz. **¡Pe o'yó niráa buyasi!** ¡Sálganse de dos en dos! (*poco a poco*)

oyóca, o'yócuhui *s* pájaro carpintero

o'yona *vi* tener ganas de vomitar

P

[1]**pa** *vt* traer **Huicabé carúmati párati.** Muchas cosas fueron traídas. **Huicabé namuti pari.** Trajeron muchas cosas. **Huicabé namuti payé.** Estaban trayendo muchas cosas.

[2]**pa** *vt* tirar, echar **Jubá pa echi cusí.** Tiró su palo en el juego.

paayé *adv* arriba

pabaca *vt* lavar (*trastos u otras cosas*)

pabera *vt pl* acarrear (*en la espalda*) **Huicabé rijoy sunú pabera.** Muchos hombres acarrean maíz. [*sing.*: **apera**]

paca *vt* colar (*p.ej., café, leche, agua*)
pachá *adv* adentro **Pachá carírari ichípari cochí.** El perro se escondió adentro de la casa.
  ri'ré pachá debajo
  pachá bachá *vt sing* meter
  pachá bachara encarcelar
pachana, pachámana *adv* dentro, por adentro
pachí 1. *s* elote, mazorca
  2. *vi* hay elotes
  pachí cusítami elote tostado
pachoca *vt* remendar
  pachócasuhua remendando, si lo remienda
pachú *vi* gotear
pagó *vt* 1. lavar **¡Je'ná pagó!** ¡Lava ésta!
  2. bautizar **Nijeni pagótami níiri táagá.** Yo fui bautizado de niño. [*pp.*: **pagótami**]
pagóami *s* él que bautiza
pagónara el día anterior **Pagónara tamí jeaneri.** El día anterior me dijo.
pagótami *s* gente **Huicabé pagótami napahuiri.** Se juntó mucha gente.
  nijé pagótamahuara mi gente
pagué *vt* remojar
pamótami ju que tiene grumos el atole
pánara *vi* querer traer
paní *adv* arriba (*en la falda*)
  panina por arriba (*en la falda*)
panica, panigo *vi* lavarse las manos
  panígasa lavándose las manos
panínomí *adv* por allí más arriba (*en la falda*)
pasá *vt* echar, tirar **¡Na'írari pasá!** ¡Échalo a la lumbre! **Rité pasari.** Le tiró una piedra.
pasó *vt* remojar
pasochi *s* zorrillo (*grande, rayado*)
pátami *pp* echado
payéhuachi *s* zanja (*donde se junta agua de arriba*), aguaje, ojo de agua
payochi *s* zorrillo pinto
[1]**pe** *adj* poco
  pe ocuá pocos
  pebi muy poco
  pe táa poquito
[2]**pe** *vt* extender (*para dormir*) [*fut.*: **pepo**]
  tétami *adj* extendido (*hilos para tejer*)
pe cúuchi mojuari *vt* hacerse pedazos
pe micabé achá *vt* retirar
pe risensi, pe risénsia por favor
pe téeri 1. chaparro
  2. un rato
pe téeri ripí demora
  pe téeri tibí demoran
pechi *s* tendidos (*para dormir*)
péebi *adj* poquito
  péebi niráa poco a poco
  péebi ratáami *adj* tibio
pehua *vi* fumar [*fut.*: **pihuama**]
péhuari *s* cigarro **Tamí 'ya péhuari, ma pihuámani.** Déme un cigarro; ya voy a fumar.
pénama *vi fut* aprender
  pénami que puede aprender
pera 1. *vt* poner (*carona a la bestia*), extender
  2. *s* carona
perí *s* petate
pericó por favor
pibá *vi* zambullirse **Rochí pibámani.** Voy a sacar peces zambulléndome en el agua.
pibíhuari *vi pret* formarse un remolino
pibíiri *s* remolino
piché *prep* hasta **Ba'arí piché.** Hasta mañana.
pichí *vt* barrer **Ma pichítami ju na'ibi.** Ya está barrido aquí. [*pp.*: **pichítami**]
pichira *s* escoba
píchuri *s* zorrillo (*chico, pinto*), gato de algalia
pihuácami *s* fumador
píhui *vt* remoler [*pret.*: **píiri**; *fut.*: **píima**]

pihuí ¡remuélala!
pioni *s esp* peón [*pl.*: **pióntami**]
nijé piónahuara mi peón
pirapa *vt* quitar el aparejo
piré *vi pl* vivir, morar, habitar [*fut.*: **pirérama**; *sing.*: **bité**]
piréami *s pl* moradores, los que viven [*sing.*: **bitéami**]
piri ¿qué?
piri ju ¿qué es?
piri mi iquiri ¿qué te mordió?
pisachi *s* en la laja (*en el cerro*)
pochí *vi* brincar
pohua *vi* pescar con anzuelo [*fut.*: **pohuama**]
pora *vt* cubrir, tapar **¡Poré!** ¡Tápalo! [*pp.*: **pórami**]
porapa *vt* destapar
posá *vi pl* llenarse (*comiendo*) [*sing.*: **bosá**]
posahua los llena
posá se llenan varios
poyaca *vi* estar desabrido (*como maíz podrido*) [*pp.*: **poyácami**]
pu *vi* ponerse una faja
biré puri *s* faja
pu' *s* faisán **Echi pu' huabé huarínaga 'ma.** El faisán corre muy ligeramente.
pucha *vt* soplar
púchaga soplando (*con la boca*)
pugué *vt pl* tener, poseer (*muchos animales*) **Jena'í piréami huicabé pugué huáasi.** La gente de aquí tiene muchas vacas. [*sing.*: **buqué**]
pugura *adj pl* posesor (*de animales*) **Echi jaré cahué nijé pugura ju.** Esos caballos son míos. [*sing.*. **bucura**]
puma *vi* irse a ceñir
pura *s* cinturón, faja

Q

qué *vi* [*pret.*, *pp. de* **ju**] fue, era, siendo **Quiyochi qué.** Fue una zorra. Era zorra. **Chérami qué, ma mucuri.** Siendo viejo murió. **¿Quecha atí?** ¿No está?
que *s* hija grande (*dice la madre*) **Echi muquí ocuá quée.** Esa mujer tiene dos hijas grandes.
queba *vi* retumbar **Hue ihuécami queba.** Retumba muy fuerte.
quecha *vt* masticar **Gará quichari.** Masticó bien.
quemi *pron* tuyo
queni 1. *pron pos* mío, mía
2. *adj pos* mi, mis
quepu *pron* su, sus (*de él, de ella*)
quere, queremá 1. *adv* quizá, quizás, tal vez
2. *conj* o
queta *pron* nuestro, nuestra
quétamo *pron* su, sus (*de ustedes*)
quetasi *adv* no
quicháo *adj* siete
quicháopi solamente siete días
quicháosa *adj* séptimo
quicháosa macoy *adj* setenta
quichí *vt* aborrecer **Echi rijoy hue tamí quichí.** Ese hombre me aborrece mucho. [*fut.*: **quichima**; *pp.*: **quichírami**]
quichica *vt* hacer cosquillas (*a otro*)
qui'huí *vt* traer leña **Qui'huiyá iyena.** Anda trayendo leña. **Qui'huíramani.** Le voy a hacer que traiga leña. [*pret.*: **qui'huiri**; *fut.*: **qui'imea**]
quimá 1. *s* cobija *Véase* **cahuisori**
2. *vi* taparse con una cobija
binoy quimara su cobija
quimacoy *adj* nueve
quimacoysa *adj* noveno
quimacoysa macoy *adj* noventa

quimé *vi* tener cobija
quimérari se llevó un cobija
quimérama se llevará una cobija
quimácamaga tapándose con la cobija
quimira *s* sábana (*para arroparse*)
qui'mó *vt* morder (*muchas veces*) **Cochí qui'mori.** El perro le mordió muchas veces.
quiná *adv* acá, por acá **Quiná to.** o **Quiná 'mé.** Tráigalo para acá.
quinana después de lo acontecido
quipá *vi* nevar **Buhuechí tamujé huarú quipérati.** Nos nevó mucho en el camino. [*fut.*: **quipaméa**]
quipéami *adj* que tiene nieve encima
quiparí *s* nieve
quipú *vt* escuchar
quipu *adv* ¿cúanto?
[1]**quirá** *vi* calmarse (*tempestad*), pararse (*lluvia, nieve*) **Ma quirari.** Se paró la lluvia. [*fut.*: **quiriméa**; *pret.*: **quirírari**]
[2]**quirá** *s* hija (*de una mujer*) **¿Chigá quirá ju?** ¿De qué mujer es hija esa muchacha? **Birepi ju nijé quirá.** Tengo una sola hija.
qui'raca *vi* crujir los dientes
[1]**quirí** *adj* quieto, silencio **¡Quirí asagá!** ¡Cállate!
quirí niráa poco a poco
[2]**quirí** *vi* 1. cocer quelites
2. juntar quelites **Quiribá quirímani.** Voy a juntar quelites.

R

ra'ama *vt* 1. acallar
2. reprender
3. prohibir [*fut.*: **ra'amama**]
rabó *s* cordón alto, cordillera, cerro
rayabó en la mesa alta
rabota *vi* tener calambre
rabótami *adj* entumido
racá *s* semilla
bachí racara semilla de calabaza
racabú *vt* quitar las semillas
[1]**racó** *s* lirio colorado
[2]**racó** *vt* llevar (*en un trapo*), envolver
racú *s* palma alta de las barrancas
rachí *vi* aplastarse
rachina *vt* aplastar [*fut.*: **rachinama**]
rachira *vi* estar pando [*pp.*: **rachírami**]
rachita *vi* asentarse (*p.ej.*: *café, pinole*)
ra'é *vt* conocer (*un lugar*) [*pret.*: **ra'irari**; *fut.*: **ra'irama**]
rahuá *s* ligamento
rahuasícachi en los ligamentos
nijé rahuasícahuara mis ligamentos
sicá rahuara ligamentos de la mano
[1]**rahué** *s* día **Gará rahuehua.** Hace buen día.
rahuehua *vi* hacer el día
rahuéhuachi en el día
[2]**rahué** 1. *s* pecho
2. *vi* volver (*el pecho hacia*) **¡Quiná rahueca!** ¡Vuélvete para acá! (*con el pecho para acá*) **Echo'mí rahuéari.** Volvió con el pecho para allá. **Cu cuhuana rahuérama.** Volverá otra vez con el pecho a otro lado.
nijé rahuira mi pecho
rahuéami *adj* que tiene pecho
rahuichí en el pecho, en el buche
rahuihui *s* gavilán negro
rahuirí *s* mediodía
ra'íami *pp* que tiene apetito
ra'icha *vi* hablar, platicar [*fut.*: **ra'ichama**; *pp.*: **ra'íchami**]
ra'icháchanachi durante el tiempo de hablar

echirigá ra'íchachi habiendo hablado así
binoy yuhua ra'ichámia hablando con él
ra'icha Riosi yuhua orar
ra'íchami *s* hablador
ra'ichárami *s* idioma
ra'íchari *s* palabra
ra'ihuá *vi* gustar (*comida*) **¿Acha mi ra'iri?** ¿Te gustó? **¿Acha mi ra'irama?** ¿Te gustará?
rajá *vi* alumbrar, arder, quemar [*pret.*: **rajari**; *fut.*: **rajimea**]
rajáami ardiente
rajamó *s* peñasco **Ripá rajamó huiriri.** Estaba parado sobre el peñasco. **Jena'í hue rajamota.** Aquí hay peñascos.
rajamota *vi* hay peñascos
rajé *vt* encender ocote (*para alumbrar*), iluminar **Chopé rajigá áarini.** Encendí un ocote para ver, y lo busqué. **Huaquiná rajé.** ¡Alúmbrame para acá!
chopé rajé ¡prende el ocote!
rajigá alumbrando, iluminando, encendiendo
rajihuá *vi* tener espinas (*un tipo de oruga*)
rajina *vi* prender, arder [*fut.*: **rajínama**]
rajiyá está ardiendo
rajirí *s* vela
ra'lá *vi* derramarse
ra'lana *vt* extender, esparcir [*fut.*: **ra'lanama**]
ramé *s* diente **Hue ocó ramichí.** Le duele mucho el diente.
nijé ramirá mis dientes
ramehui *vi* tener dientes
ramiché *vi* quedar (*comida*) entre los dientes
ramichí en el diente
ramé otéramachi jáhuami muela
ramú *vi* ponerse negro por un golpe
ramujera *vi* hacer bromas (*con las cuñadas*)
raná 1. *vt* parir [*fut.*: **ranaméa**; *pp.*: **ranarúami**]
2. *s* hijo
nijé ranara mi hijo
que ranáami estéril (*no ha tenido hijos*)
ra'náchani sonar (*oír ruido*) **Saquí ra'náchani.** Suena el maíz al tostarse.
ra'né *vt* tirar (*con rifle*), tronar la pólvora, disparar
ra'néchané suena un tiro o un trueno
rané *vi* tener hijo
ranéami *sing* que tiene hijo
tanéami *pl* que tiene hijos
ranícuri *s* talón, calcañar **Hue ocorá echo'ná ranícuchi.** Le duele su talón.
nijé ranícura mi talón
ra'ó *s* ortiga
ra'oa atí *vi* agacharse
rapá *vi* rajarse, partirse
rapaní se está partiendo
rapana *vt* rajar, partir [*fut.*: **rapanama**; *pp.*: **rapáami, rapanárama**]
rapaco *adv* ayer
rapárachi *s* rendija
rapé *s* laja
rapichí en la laja
[1]**rapirá** *vt* rebanar (*la carne para hacer cecina*) **Sapá rapirámani.** Voy a rebanar la carne para hacer cecina.
rapirárami cecina
[2]**rapirá** *vt* arreglar un patio para bailar
rapirátachi un patio hecho
[3]**rapirá, rapirú** *vi* hay laja
rapirúachi en la laja
rapirúami *adj* que tiene laja

rapirara *s* rastrillo para limpiar el patio
rapirátachi *s* patio
raqué *vt* darse semilla o fruta, producir [*pp.*: **raquéami**]
raquibú *vt* empujar
ra'rá *vi* desparramarse, extenderse
ra'rana *vt* desparramar, extender [*fut.*: **ra'ranama**]
[1]**rará** *vt* comprar **¡Rarisí!** ¡Cómprenlo Uds.! [*fut.*: **rariméa**]
  raráami *s* comprador
[2]**rará** *s* pie
rarajipa *vi pl* correr con la bola
raramú 1. *vt* rayar (*un pino por un rayo*)
  2. *vi* caer un rayo
rarámuri *s* tarahumara, gente
  rarámuri niráa uchucha interpretar, traducir al tarahumara
  rarámuri ra'íchara idioma tarahumara
  rarámuri ra'íchari niráa cu ru traducir al tarahumara
rariguihua *vt* vender (*cosa específica*) **Nimí rariguíari bire cahué.** Te vendí un caballo.
rarinéa *vt* vender **¡Tamí rariguía!** ¡Véndame! [*pret.*: **rarinéari**; *fut.*: **rarinéama**]
rasá *vi* machucarse
rasáami *adj* blando
rasana *vt* machucar [*fut.*: **rasanama**]
  rasaní estar machucando
rasíami *pp* desobediente, que no hace caso **Echi tohuí huabé rasíami ju.** Ese niño no hace caso; sigue haciendo lo mismo.
rasiba *vi* oxidarse [*pp.*: **rasíbami**]
rasícari *s* ligamentos de rodilla
  rasícachi en los ligamentos de la rodilla
rasó *vt* deslumbrar
rasuca *vi* calentarse (*al sol*)
rasuguí *s* fibra de maguey
  rasuguí huíi nihuaríhuami fibra para hacer sogas
[1]**ratá** *vi* hacer calor [*pret.*: **ratáari**; *fut.*: **ratárama**; *pp.*: **ratáami**]
[2]**ratá** *vt* tirar con rifle
rataba *vi* relumbrar, resplandecer, brillar mucho
  ratabáachi cuando hace calor (*del sol*), cuando reluce
ratabacha *vt* calentar
ratábami *adj* brillante
ratana *vt* 1. tirar con rifle
  2. agujerear
ratara *vi* tener calentura
raté *s* 1. tío, tía (*hermano, hermana menor de la madre*)
  2. primo, prima (*hermano, hermana menor de la madre*)
rayena *vi* hacer sol, brillar el sol [*fut.*: **rayenama**]
rayénari *s* el sol
  rayénati chobari asolearse
[1]**ricá** *vt sing* poner acostado (*una cosa*) [*pl.*: **ro'huá**]
[2]**ricá** *s* tierra blanca (*se usa para pintarse en las fiestas*) **Echi jaré bariseo ma oseri echi ricá jiti.** Los fariseos ya se pintaron con tierra blanca.
ricaba *vt* tumbar (*buey, persona*) [*pp.*: **ricárami**]
ricamuchi *s* comadreja
ricóchari *s* pedernal, piedra blanca (*muy dura, sirve para picar el metate*)
ricohua *vi* tener troja (*reg.*; *troj*)
ricohui *s* troja (*reg.; troje*)
  ricóhuachi en la troja (*reg.; troje*)
ricoma *vi* hacerse un hoyito redondo
ricómari *s* frijol grande, colorado
ricomta *vt* hacer un hoyito redondo en la laja blanca
ricú *vi* emborracharse
ricubiri *s* peñasco, picacho
ricuchuri *s* grillo

ricúhuari *s* rana verde, grande (*canta en primavera*)
ricúmtari [*pretérito de* **rucuta**] lo emborrachó
ricurí *s sing* borracho [*pl.*: **técuri**]
ricúcohuami *adj* que emborracha
ricúuri *s* rana grande, obscura
richí *s* tío (*hermano menor del padre*)
nijé richirá mi tío
richira *vi* estar pando, pandearse [*pret.*: **richíiri**; *fut.*: **richírama**; *pp.*: **richírami**]
richíratami hecho pando
ri'é *vi sing* jugar [*pl.*: **ri'yeca, ri'eca**]
ri'echa *vt* 1. malgastar
2. jugar (*con alguna cosa*) [*fut.*: **ri'echama**]
ri'echárami *pp* echado a perder
[1]**rihuá** *vt* ver, hallar [*fut.*: **rihuiméa**]
[2]**rihuá** *s* nombre
ri'huá *vi* hacerse liso [*pp.*: **ri'huáami**]
ri'huana *vt* alisar, aplanar, cepillar [*fut.*: **ri'huanama**]
ri'huaní estar alisando
rihuará *vt* nombrar
rihué llamarse, tener nombre
rihuera *vi* tener vergüenza [*fut.*: **rihuíima**; *pp.*: **rihuérami**]
rihuérata *vt* avergonzarse
que rihuérami sinvergüenza
[1]**rihuí** *adv* cuesta arriba **Rihuí simini.** Voy para arriba en la cuesta. **Rihuinánini.** Voy subiendo la cuesta.
[2]**rihuí** *vi* mostrarse
rihuigachi *s* en el cielo, en la gloria
ri'huiná *adv* cuesta arriba
[1]**rihuira** *vt* mostrar [*pret.*: **rihuírari**; *fut.*: **rihuírama**]
[2]**rihuira** *adv* para arriba en la falda
rihuirí *s* nopal castilla
rihuisáa *vi* viéndolo
ri'í *vi* gemir, lanzar quejas
ri'ícami *pp* que se queja
ri'ibú *vt* limpiar (*frijol*) **Muní ri'ibúmani.** Voy a limpiar los frijoles.
ri'icha *vt* 1. echarse a perder
2. desperdiciar [*fut.*: **ri'ichárama**; *pp.*: **ri'ichárami**]
ri'íchani *vi* gemir
ri'inana *adv* para arriba
ri'iquéami *s* jugador
rijachi *s* arroyo (*lugar desgastado por el agua*)
rijata *vi* desgastarse (*tierra por las lluvias*)
rijé *s* granizo **Hue rujuí rajé.** Cae mucho granizo.
rijí *vt* 1. mentar (*el nombre de otro, en su presencia*)
2. poner apellido [*pp.*: **rijíami**]
rijiní *vt* estar llamándole (*por nombre en su presencia*)
rijibá *vi pl* jugar cuatro, jugar teja
rijimá *s sing* hermano [*pl.*: **ritémahua**]
nijé rijimara mi hermano
rijimé *vi* tener hermano
rijísari *s* grajea (*reg.*), cellisca
rijisa *vt* caer grajea
rijóara *vi* vivir allí (*un hombre*) **¿Acha rijóara echo'ná?** ¿Vive alguien allí?
rijóhuachi *s* lugar donde vive gente
rijóirasi *imper* ¡que vivan! **¡Quirí rijóirasi 'yemi!** ¡Que vivan tranquilos Uds.!
rijorá *vi* aguantar (*mucho*) [*pp.*: **rijoráami**]
rijoy *s* hombre
rijoy bitérachi hogar del hombre
rijoy imará hígado del hombre
rijoy sihuará intestino del hombre
ri'marí *s sing* joven [*pl.*: **témari**]
rimé 1. *vt* hacer tortillas
2. *s* tortilla
rimério *s* 1. curandero (*lleva un crucifijo*)
2. crucifijo

rimisó *vt* pisotear, trillar (*trigo*)
rimó *s* sapo, rana
rimojachi *s* pedregal
rimú *vi* soñar
rimugú *vi* estar soñando
[1]**ri'ná** *vt* nivelar
[2]**ri'ná** *vi* estar parejo
[3]**ri'ná** *adv* boca arriba
riná *vi* abrir (*la boca*) [*fut.*: **rinama**]
ri'náami *adj* parejo
ri'nabú *vt* voltear
ri'nabuca al revés
ri'nahuí *vr* voltearse
ri'nagápura *vi* revolcarse
ri'nahuí *vi* caerse (*de espaldas*)
ri'nahuícami *pp* inclinado (*de espaldas*)
ri'nará *vt* 1. emparejar, hacer parejo 2. entarimar
ri'narátachi *s* lugar del patio donde está arreglado parejo
riní *s* boca
nijé rinará mi boca
rinichí en la boca
rinórohui *s* un tipo de serpiente (*larga, muy ligera, de color negro*)
ri'ó *vi* tronar el cielo **Ri'ochané.** El cielo truena.
ri'onó *vi* estar tronando el cielo
ri'ó chaní retronar
ri'obá *s* iglesia, templo
ri'obachi en la iglesia
aboni ri'obáhuara la iglesia de ellos
Riosi *s* Dios
tamujé Riósahuara nuestro Dios
[1]**ripá** *adv* arriba
ripabé muy alto, muy arriba
ripana *adv* de arriba, por arriba
ripáami ju está muy alto
ripá huichí *vi* asustarse, brincar de susto
ripá huiríami escarpado
ripá moba sobre, encima
ripata rabó arriba en el cordón
[2]**ripá** *vt* rascar
ripari *adv* para arriba (*un poco lejos*)
ripata rabó *s* loma
ripí *vi sing* quedar **Birepi ripiri.** Se quedó sólo una. [*pl.*: **tibí**]
ripíruhui, ripiri *s* saltapared (*pájaro*)
ripisachi *adv* en la laja
ripiyá *s* cuchillo
ripopa *s* espalda
ripópachi en la espalda
nijé ripogara mi espalda
ripora *vt* despedir
riposi *s* tuza
[1]**ripú** *vi* trozarse, cortarse
[2]**ripú** *s* montón (*de piedras y palos que echan al lado del camino o en un puerto entre las montañas*)
ripuca *s* basura, abono
ripúcachi en la basura
ripuchí *s* pulga
ripuna *vt* trozar, cortar (*con hacha*) [*fut.*.: **ripunama**]
ripunárahuachi al tiempo de cortarlo
ripuna simira *vt* atravesar
ripurá *s* hacha
ripurá cusirá mango de hacha
riqué 1. *vt* pisar 2. *imper* ¡ponlo acostado!
riquibú *vt* bajar (*de arriba*)
riquichó *vt* acornear **Echi chomarí hue riquichori echi cochí.** El venado acorneó al perro. [*fut.*: **riquichoma**]
riquina *vi sing* 1. bajar (*de arriba*) 2. ir cuesta abajo (*fig.*) [*pl.*: **tiquina**]
ri'ré *adv* abajo
ri'reca de abajo
ri'rina allí cuesta abajo
ri'ré bachá tigó hacer cimiento para una casa
ri'ré huichí suelo
ri'ré jota ahondar
ri'ré pachá debajo
ri'ré ricaba echar a cuestas
tugá ri'reri abajo, más abajo

ri'rena *adv* por abajo **Huaminá ri'rena simí.** Se va allí, por abajo.
ri'reque *s* sur **México ju echo'ná tu ri'reque.** México queda al sur.
ri'reti *adv* de abajo
ri'rí *adv* más abajo
ri'rínomí *adv* por el lado de abajo
ri'risópari *s* lucero
ri'rohui *s* papas
rirú *vi* 1. eructar **Ma bosasa hue riruma.** Terminando de comer, eructa.
2. zumbar (*suena el motor*) **Troca rirúchane.** Se oye zumbar el camión de carga (*la troca*).
risensi *s* licencia, permiso **Pe riséncia.** Con permiso.
risénsia 'ya *vt* conceder, autorizar, permitir
risénsia nihua tiene poder
risí *vi* cansarse [*fut.*: **risimea**; *pp.*: **risíami**]
risira *vt* cansar
risirúami *pp* miserable, tacaño
risó *s* cueva
biréana risó una cueva
risochí en la cueva
risú, risunú *vi pl* están cayendo (*muchas cosas*)
risúati *adj sing* pobre [*pl.*: **tisúhuati**]
risúu *vi* sufrir
risúu aní quejarse
risúu nira sufrir
risúu orá atormentar
[1]**rité** *s* piedra
rité bo'huara *s* musgo
rité ripútami *s* montón (*de piedras al lado del camino*)
[2]**rité** *vt* patear **Tamí riteri.** Me pateó. **Tamí ritérama huaré.** Me pateará, tal vez.
ritéami *s* el que ve **Qui'yá piréami que ritéami níiri echi chabochi.** Los que vivieron hace mucho nunca vieron mestizos.
ritéena *vi* bostezar
ritehuá, ritihuá *vt* ver [*pret.*: **riteri**; *fut.*: **ritema**]
ritémahua *s pl* hermanos [*sing.*: **rijimá**]
nijé ritémahuara mis hermanos
ritémtami siendo hermanos
[1]**ritú** *vr* helarse
[2]**ritú** *vt* mirar, admirar **Echo'ná huarúrachi iyénari nijé, carúmati namuti rituya.** Allí en la ciudad anduve admirando cosas de todas clases.
ritúcari *s* tecolote grande (*blanco y amarillento*)
riyahui *vi* hay hierba (*de toda clase*)
riyáhuachi donde hay hierbas **Echo'ná riyáhuachi huicárini biré namuti.** Allí, donde hay hierbas, perdí una cosa.
riyáhuata *vi pl* crecer muchas hierbas
ri'yeca, ri'eca *vi pl* jugar [*sing.*: **ri'e**]
ri'yóchani *vi* tronar
rocó *vi* estar hondo [*pret.*: **rocóori**; *fut.*: **ricórama**]
rocóhuachi donde está hondo
rocóami *adj* hondo
rocogó *s* noche
bi'yá rocogó hoy temprano, en la madrugada
rocogó niráa de noche
rapaco rocogó anoche
rocohuá *vi* hay tinieblas
rocohuárari *s* obscuridad, en las tinieblas
rocomíami *adv* cóncavo
rocomítarami *pp* hecho hueco
rocoró *s* hojas grandes de encino
rocuahua *vi* obscurecerse (*completamente*)
rocuiri *s* rata montés (*anda entre el zacate*)
rochá *s* lagartija negra
rochí *s* pez, pescado
rochí anará *s* aletas de pez

rochí cajera *s* escama de pez
rochíbana *vt* entretejer, hacer mecates
rochíhuari *s* tipo de quelite (*comestible*)
rochorí *s* codorniz (*ave*)
[1]**ro'huá** *vt* derramar (*un líquido*) [*pp.*: **ro'huárami**]
[2]**ro'huá** *vt* surcar (*con el arado*) **Nijeni ro'huama arara jiti.** Voy a surcar con el arado.
[3]**ro'huá** *vt pl* poner acostados [*sing.*: **ricá**]
ro'huaba *vt pl* tumbar, poner acostados
[1]**rohué** *vi pl* correr con aros (*las mujeres*)
[2]**rohué** *vt* atizar
ro'hué *vt* cultivar (*maíz*)
rohuera *s* aro
rohuí *s* conejo
ro'huí *vi* 1. volver por atrás, dar vueltas
2. arrepentirse
rojá *vi pl* apartarse [*sing.*: **rojuá**]
rojácami *s* cambio (*dinero*)
rojana *vt* apartar
rojoná *vt* separar
rojorá *vi* 1. aguantarse (*en la carrera*)
2. durar mucho (*ropa*)
rojorócuhui *s* largartija pinta
[1]**rojuá** *s* encino (*de todos tipos*)
rojué *vi* hay encinos
rojuá nahuara raíz de encino
[2]**rojuá** *vi* apartarse [*pl.*: **rojá**]
rojuánami *s* el que los aparta
rojuácami *pp* separado, apartado
rojuana *vt pl* apartar, despedazar **Nijeni huaminá rojonama echi chibá echi bo'huá yuhua.** Voy a apartar las chivas de los borregos. [*fut.*: **rojonama**; *sing.*: **rojana**]
rojuárari entre los encinos **Biré chumarí echo'ná rojuárari aquibi.** Un venado desapareció entre los encinos.
rojuí *s* bellota
romíami *adj* flexible
ro'mina *vi* volver por atrás, dar vueltas (*barbechando o en las carreras*)
romina *vt* 1. doblar
2. enrollar **¡Cu rominá huiya!** ¡Enrolla el mecate! [*fut.*: **rominama**]
romí *vi* estar doblándose
rominárami *adj* enrollado
romírachi *s* 1. coyuntura
2. tobillo
romírahuara *s* hueso de la muñeca
romó *s* invierno
romohua *vi* lloviznar **Romóhuachi níiri.** Era cuando estaba lloviznando.
romosa *vi* comenzar el invierno **Ma cu romósari.** Ya comenzó el invierno otra vez.
[1]**roné** *vi* tener pies o patas
[2]**roné** *vt* hervir
ronena *vi* hacer espuma
ronohué *vi* tener espuma
ronibú *vt* quitar la espuma
ronera *vi* ponerse los pies (*en una banca*)
[1]**ronó** *vi* hervirse [*fut.*: **ronina**]
ronohuisa hervir mucho (*hasta que se derrame*)
[2]**ronó** *s* pie, pata
nijé ronora mi pie
ronibú *vt* quitar las patas
ronobaca *vi* lavarse (*pies, piernas*)
ronobácata *Soba las piernas del corredor con agua mezclada con maguey para que no lo toque el hechicero.*
ronojípana *vt* manear
ropá *s* estómago, vientre **Hue ocó ropachí.** Le duele el estómago.
nijé ropara mi estómago
nijé ropárachi en mi estómago
ropajipa *vt* cinchar **Mani ropojípari echi cahué.** Ya cinché ese caballo.
ropajípara *s* cincha
ropé *vi* tener estómago **Huarú ropé.** Tiene grande el estómago (panza).

ropéami *adj* panzón, encinta **Ropéami ju.** Está embarazada.
ropóchami *adj* jorobado
ropochí *s* panza
rorí *s* rata
roró *vi* 1. bramar, mugir, rugir **Hue roró toro.** Brama mucho el toro. **Echi mahuiyá hue roró.** Ruge mucho el león.
2. sonar (*motor*)
3. gruñir
4. roncar
rorobá *vt* enfriar (*lo que estaba en la lumbre*)
roroáchana *vt* enfriar (*echando agua*)
roroca, rorógara *s* tráquea
nijé rorócara mi tráquea
roróchané *vi* 1. bramar (*toro*)
2. zumbar
ro'roché *vi* cuajarse, congelarse
ro'rochébana *vt* congelar
ro'rosópari *s* lucero
rosábachami *adj* medio blanco, gris (*como una camisa despintada*), pardo
rosácami *adj sing* blanco [*pl.*: **tosácami**]
rosácami osé *vt* blanquear
rosana *vi* blanquearse
rosántami *pp* hecho blanco
rosánahua *vt* blanquear
rosánari *adj* pálido
rosánata *vt* emblanquecer
rosó *s* nido
rosobáchami *adj* tordo
rosobocha *vi* despintarse
rosohua *vi* toser [*fut.*: **rosohuama**]
rosoná *s* pato
rosorá 1. *s* nido
2. *vt* hacer nido
churuguí rosorá nido de pájaro
rosorí *s* tipo de maíz blando **Rosorí cusímani.** Voy a tostar maíz blando.
rotebi *s* salamandra (*reptil*)
rotosí *s* sauz (*árbol; sauce*)
[1]**ru** 1. *vi* avisar
2. *vt* testificar
[2]**ru** *vt* descubrir [*fut.*: **rumea**]
rucuáhua *vi* estar obscureciéndose
rucuchuri *s* grillo
rucué *vt* preguntar
rucugá preguntándole, interrogándole
ruchí *s* gato montés
ruhué *s* liebre
rujuí *vi pl* caerse (*varias cosas*) [*sing.*: **huichiba**]
rujuní están cayendo (*muchas cosas*)
rumuca asisa *vi* caminarse dormido
ru'ná *vi* estar grueso
ru'náami *adj* grueso
ruráami *adj* frío, fresco
rurahuá *vi* hace frío [*pret.*: **ruráari**; *fut.*: **rurárama**]
rurámini tengo frío
rurú *s* sonaja (*que llevan los corredores*)
rururú sonaja del corredor
rurusí *s* tomatillo (*una frutita que crece en una mata entre las siembras*)
rúsiami *s* intérprete
rusú *vt* moler **Coná rusuméani.** Voy a moler sal.
ruyari *s* molleja, buche
ruyé *vt* avisar, aconsejar, informar **¡Ruyébasi!** ¡Vayan a avisarle! **¡Ruyemi!** ¡Vaya a avisarle! **Tamí ruyeri aboni jiti rugá.** Me avisaron algo acerca de ellos. [*fut.*: **ruyema**]
ruhuigá avisándole
ruyénara júuri le manda decir

S

sáa, sái *vt* oler, olfatear
[1]**sáata** *vi* seguir olfateando
[2]**sáata** *vi* hacer brasas

saca *vt* conseguir **Nijeni mi sácama biré huáasi.** Te voy a conseguir una vaca.
sacará *s* zacate
sacuá *s* tipo de rana verde, sapo
sagú *vt* secar (*verdura*)
sahuá *s* 1. tipo de pino (*con corteza gruesa y agujas delgadas*)
2. hoja
rojuá sahuara hojas de encino
sahué *vi* tener hojas
sahuéami *adv* que tiene muchas hojas
sahua *vt* quemar
sa'huá *vt* curar, sanar **¡Sa'hué!** ¡Sánele! **¡Sa'huasi!** ¡Cúrenle! [*pp.*: **sa'huárami**]
sáhuara *s* sonaja (*de los matachines*)
sahuarasa *vi pl* brotar (*hojas nuevas*)
sahuarásimí *vi* retoñar
sahuarusa *vi pl* caerse (*las hojas*)
sahuí *vi* quemarse, hacerse brasas
sahuita *vi* estar volviendo en brasas, quemarse la comida
sa'huí *vi* aliviarse [*fut.*: **sa'huiméa**]
sahuiri *s* brasas, carbón
sahuiruma *vi* temblar
sái [*variante de* **sáa**] oler, olfatear
sa'í *s* lombriz de tierra
sa'mecha *vt* remojar, mojar
sa'mí *vi* estar mojado [*fut.*: **sa'miméa**]
sa'míami *adj* húmedo, mojado
samichí *s* en algún lugar mojado
sa'mina *vi* humedecerse
sampá *vi* mojarse
sampacha *vt* remojar
sa'narí *s* sedimento del tesgüino
sapá *s* carne
chibá sapara carne de chiva
sapá huaquichéami rapirárami cecina
sapará *vi* engordarse
saparábana *vt* engordar
saparusa *vi* enflaquecerse
sapé *vi* estar gordo, tener cuerpo [*pret.*: **sapéeri**; *fut.*: **sapérama**]
sapéami, sabéami *pp* gordo
sapepa: machí sapepa *vi* desnudarse
machí sapéami *adj* desnudo
sapota *vi* hacer palomitas de maíz
sapótana *vt* tostar (*maíz para hacer palomitas*)
sapú *vi* apurarse [*pret.*: **sapúrari**; *fut.*: **sapúrama**]
sapunú apurarse mucho
sapunéami *adv* que se apura mucho
saquí 1. *vt* hacer esquite [*fut.*: **saquiméa**]
2. *s* esquite
saquiri *s* comal
sa'rihuá *s* saliva
sa'rihué *vi* salivar, babear
saróami *adj* amarillo, anaranjado
sasira *vi* resbalarse
saté *s* arena
satibó *s* arenal
satibótami *adj* arenoso
satérama *vt pret* ensuciar con arena
satibú *vt* quitar la arena
sayahui *s* víbora de cascabel (*grande*)
sayé *s sing* enemigo **Tamí sayérami ju.** Es mi enemigo. [*pl.*: **asayé**]
sayera *vi* estar en contra, oponer
sayécari *s* sonaja de pascolero
sayiná, que sayiná *adv* de repente [*sentido de fut.*: **yáatari**]
sayiruma *vi* temblarse
seba *vt* 1. alcanzar, llegar
2. lograr
3. llegar a ser
sébachi *adv* cuando llega el tiempo
sebárachi *s* lugar donde lo alcanza
sebara *vt* completar, cumplir **Maparini sebárama echiquí huenomí,écharí nimí natétama.** Tan pronto como complete esa cantidad de dinero, le pagaré.
sébari *adj* 1. bastante
2. completo
sébari níhuani tengo suficiente

sehuá *vi* florecer
[1]**si** *vi pl* llegan [*pret.*: **siri, sisa;** *sing.*: **nahuá**]
síami *pp* los que llegan
[2]**si** *vi* hacer **Echi rijoy hue cha síami ju.** Ese hombre hace malas cosas.
síami *pp* los que hacen
[3]**si** *vi* dilatarse **Hui'rí siri.** Se dilató mucho. **Quetasi hui'rí sima.** No se dilatará.
si'á *s* suegro **Si'arúami ju.** Es el suegro.
nijé si'ará mi suegro
síbari *s* chiltipiquín (*tipo de chile*)
sibori *s* renacuajo
[1]**sicá** *vt* trasquilar **Mani siquiyari bo'huá.** Ya trasquilé al borrego. **Siquiyá chucú.** Está trasquilándolo. [*pret.*: **siquiyari;** *fut.*: **siquimea**]
[2]**sicá** *s* brazo (*incluyendo la mano*)
nijé sicara mis manos, mis brazos (*incluyendo mis manos*)
nijé sicárachi en mi mano
sicachí en la mano
sicá jiti a mano **Binoy sicárachi jiti nihuari.** Lo hizo a mano.
sicachó *vi* aplaudir
sicahué *vt* bracear
sicamochi *pp* estar mocho de una mano
sicara *vi* mover (*brazos*) [*fut.*: **sicárama**]
sicobachi *s* tipo de calabaza (*blanca o pintada*)
sicochi *adv* en un rincón
sicochi chehui apoyar en el rincón
sicohua, sicóori *vi* hacer ruido (*estómago*)
sicóona *vi* salir legaña (*en los ojos*)
sicoré *vi* tener legaña
sicoréami *pp* legañoso
sicorí *s* olla, jarro
sicorita, sicota *vi* hacer ollas
binoy sicoríhuara su olla
sicuí *s* hormiga
[1]**sihuá** *s* tripas, intestino
huáasi sihuara tripas de vaca
sihué *vi* tener tripas
[2]**sihuá** *vi* florecer [*fut.*: **sihuaméa**]
sihuáchari *s* flor
sihué *vi* calmarse (*viento*) **Sihuega cu huiríbari.** Se calmó (*el viento*).
si'huérahua *s* pestaña(s)
nijé si'huérahuara mis pestañas
si'huina *adv* en otra parte
si'huinárigá de otra manera, en cambio
sijabó *vi* 1. estar empachado (*del estómago*)
2. se hincha (*el nixtamal*)
sijarí *s* vejiga, ampolla
huáasi sijarira vejiga de vaca
si'luna *vt* plegar
si'lúami *pp* plegado
simá *vi pl* irse **¡Simasi!** ¡Váyanse! **Simásari.** Estaban yéndose otra vez. **Quetasi naquiri simánara.** No querían irse. [*fut.*: **simama;** *sing.*: **simí**]
simara *vi pl* pasan [*pret.*: **simárari;** *fut.*: **simárama;** *sing.*: **simira**]
simárachi cuando pasaban
simárami los que pasan
simati *adj* bonito, hermoso
simé *vt* tocar (*instrumento musical*)
simera *vt* pasar
[1]**simí** *vi sg* irse **Samichí jonsa simíbami níiri.** De Samachique habían salido. **Hue inárari Samichí simigá.** Andaba yendo a Samachique. [*pl.*: **simá**]
simigué *vi* iba
[2]**simí** *vi sg* caminar [*pl.*: **simiba;** *fut.*: **siméa**]
simigá [*imperativo de* **simí**] ¡vaya!
simináari *vi* querían irse
simira *vi sg* 1. pasar **Simira inárari.** Iba pasando.
2. sobrar [*pl.*: **simara**]
simírasa pasando, habiendo pasado
simírami *adj* sobrante, demás

simuchí *s* colibrí, chupamirto
siná *vi sg* gritar **O'huari sinácasari.** Iban gritándose fuerte. **Sináchané.** Se oye a uno gritando. [*pl.*: **sinaca**]
siné 1. *s* vez
2. *adj* uno **Rapaco ne siné rahué nóchari.** Ayer trabajó un día entero.
auchecho siné otra vez
que siné nunca, jamás
siné cáachi en otra ocasión, algún día, tal vez
sinepi una vez
siné rahué un día
sinéami cáachi una sola vez
siné cáachi iquimea raramente acontecerá
si'néami *adj, s* todo, toda la gente
sinibí *adv* siempre
sinibí rahué todos los días
sinohui *s* culebras, víboras (*de todos tipos*)
sinomí *adv* a veces, de vez en cuando **Huete ri'iquéami níiri sinomí.** Éramos muy jugadores a veces.
si'nú *adj sing* distinto, diferente, extraño [*pl.*: **isena**]
si'nú bucura bestia ajena
si'nú níhuara cosa ajena
si'nú rarámuri indígena (*de otro grupo*)
si'núrigá al contrario
si'orí *s* 1. abeja
2. mosca
sipá *vt* rascar, lijar, raspar, cepillar [*fut.*: **sipiméa**]
sipáami *s* curandero, hechicero (*que raspa una hueja o jícara con un palito, y canta*)
tabla sipáami carpintero
sipabú *vt* hechizar
siparí *s* ejote
siparita *vi pl* salir ejotes
sipé *s* tipo de hierba de la milpa
sipée *s* espejo
sipí *vi* enfriarse (*p.ej.: comida, agua*) [*fut.*: **sipiméa**]
sipichá *vt* enfriar, (*lo que estaba en la lumbre*)
sipirú *vt* pelar, mondar
sipiyoni *s* sarampión
sipucha *s* enaguas
binoy sipúchara sus enaguas
sipú *vi* ponerse las enaguas
sipupa *vi* quitarse las enaguas
sipura *s* tipo de encino (*con hojas pequeñas*)
sipúrahua *s* tipo de encino (*con hojas pequeñas*)
sipurí, sipúruhui *s* tarántula
siqué *vi* tener brazo **Birepi siquéami ju.** Solamente tiene un brazo.
siquéami *pp* que tiene brazos
siquimea [*futuro de* [1]**sica**] trasquilará
siquiré *vt* cortar (*con cuchillo*)
siquirécohuachi en el tiempo de cortar (*trigo*); *cortar* (*con cuchillo*)
siquirépari se cortó
siquiríchi *s* gavilán (*amarillo, pequeño*)
sirá *s* lanza (*que llevan en Semana Santa*)
sira *vi* ir **Quirí sirari.** Iban despacito. *Véase* **simí**
siré *s Cierta mata con hojas angostas que crece en tierra caliente. La usan para hacer canastas, o en Semana Santa, para hacer flores para la fiesta.*
si'rí *vi* ahogarse
si'rina *vt* ahogar
[1]**siri** *s* tijera
[2]**siri** [*preterito de* **si**] llegaron
siríami *s* gobernador
sirínahua, quepu sirínahua *s* gobernador de ellos
si'richá *s* tipo de hongo venenoso
si'rú *vi* arrugarse
si'rúami *adj* arrugado, aflojado
cohuárachi si'rúami frente arrugada

sirú *vt* cazar, pescar **Simíbarite sirúsiya chumarí.** Fuimos a cazar venados.
sirúami *s* cazador
si'runá *vt* 1. arrugar, plegar 2. aflojar
sisa [*gerundio de* **si**] llegando **Echo'ná tasina murubé sísari maparí huarú ucuri.** Allí abajito iban llegando cuando cayó mucha lluvia.
sísari *vi* siguieron haciéndolo **Aboni chopi huaminá sísama chati orayá.** Ellos solamente seguirán haciendo mal. *Véase* **nocuísa**
sisí *imper pl* ¡vénganse!
[1]**sitá** *vi* resbalarse
  sitaní *vi* estar resbalando
  sitárana *vt* hacer resbalar
[2]**sitá** *s* tinta (*colorada, de la tierra, con que se pintan los tambores*)
  sitácami *adj* colorado
  sitéachi *s* lugar en donde está colorada la tierra
sitagápa *vi* ponerse colorado
sitana *vi* rojear, enrojecer
sitánahua *vt* pintar de rojo
sití *adj* feo, que no sirve
  sití oráami malvado
  sití ra'icha le maldice
  sitira ané criticar, insultar
  sitira orá maltratar
  sitira oráami malhechor
sitó *s* esquina, codo
  nijé sitora mi codo
  sitóachi codo
sitochi en la esquina o rincón
  sitora hacer la esquina
sitúra *vi* estar redondo
sitúrami *adj* redondo
sitúrohua *vt* hacer redondo
  chitúrami *adj* redondo
si'yá *s* suegro
siyete [*pret. de* **si**] llegamos **Rapaco je'ná iyena ma ne siyérabate.** Ayer, a estas horas, ya mero llegábamos.
siyona *vi* ser verde, ser azul
siyónahua *vt* pintar de verde o de azul
siyónami *adj* verde, azul
so *s* cierta clase de palma (*La utilizan para hacer tiras delgadas con que amarran rastrojo y otras cosas.*)
sobá *vi* atascarse
socaní *vi* estar blando
  socuaní *vi* hacerse blando
socorá *s* legaña
  socoré *vi* tener legañas
socorachi *s* pájaro carpintero (*con cabeza colorada*)
socuara *vi* calentarse (*a la lumbre*) **¡Socuaré!** ¡Caliéntate a la lumbre!
soguí *adv* casi
so'huá *s pl* espinas [*sing.:* **so'uhuá**]
sohuaca *vi* sonar al resoplar o al respirar **Sohuácachané icá.** Suena el viento.
so'hué *s* golondrina
so'huí, so'uhuí *vi* espinarse [*fut.*: **so'huiméa**]
so'huira *vt* espinar
sojobari *s* honda
sojuí *vt* cornear
soma *vi* lavarse la cabeza [*fut.*: **somama**]
sonó *s* rastrojo
sonorá *s* los pulmones
sontarsi *s* soldado
sopana *vt pl* sacar tiras de palma o de cuero [*fut.*: **soponama**]
sopétami *s* espanto (*Creen que un muerto sale como un animal.*)
sopichí, supuchí *s* murciélago
  sopichí huitara guano de murciélago
soporí *s* estrella
sopota *pp* despeinado
  sopótami *pp* que está despeinado
sorá *s* yesca del corazón del encino
  soréami *adj* yescoso

soró *s* tía (*hermana mayor del padre*)
nijé sororá mi tía
nijé soróchahuara mi tía
sota *vi* pudrirse (*la madera*) [*pp.*: **sótami**]
sótari madera fofa mojada
[1]**sotóchi** *s* ratoncito (*amarillento, del monte*)
[2]**sotóchi** *adj* chaparro
so'uhuá *s sing* espina [*pl.*: **so'huá**]
su *vt* coser **Tamí súnari biré napácha.** Me cosió una camisa.
suna *vt* coser para uno
súami *pp* cocido
sucú *vt* raspar, rascarse [*fut.*: **sucuméa**]
sucuchí *s* en el ombligo
sucuchú *vt* pellizcar, rasguñar (*con las uñas*)
sucuí *s* hormiga
sucuhua *vt* llenar de hormigas
sucurú *vt* hechizar
sucurúami *s* hechicero, brujo
suguí *s* tesgüino
sugura *vi* estar mugriento, estar roñoso
sugúrami mugriento, roñoso, sucio
suhuá *vt* acabar (*completamenta*) **Basachí suhuari biré chibá.** El coyote acabó con una chiva. [*fut.*: **suhuibama**]
[1]**suhuaba** *adj* todo **Suhuaba mapu iquí mi naquí.** Todo lo que quieras, te daré.
suhuaba mapu iquí todo cuanto
[2]**suhuaba** *vt* destruir, acabar [*pp.*: **suhuábarami**]
[1]**suhué** *vt* acabar **Echi basachí tamí suhuema echi bo'huá.** El coyote me va a acabar los borregos. [*pret.*: **suhuábari**; *fut.*: **suhuama**]
[2]**suhué** *s* orilla, borde *Véase* **suhuirá**
ba'huí suhuirá la orilla del agua
suhuensa *vi* acercarse a la orilla
su'hué *adj* bonito
su'hueta *vi* estar bonito (*cosa hecha*)
su'hueti júcami fragante
su'huérigá ra'icha habla con palabras bonitas y suaves
su'hueti olor agradable
su'huetari bonito
su'hueti juca tiene buen olor
suhuí *vi* 1. acabarse
2. *pl* morirse [*fut.*: **suhuiméa**; *sing.*: **mucú**]
suhuibáriami *s* que acaban muchas cosas (*completamente*)
suhuibori hubiéramos acabado
suhuibárahuachi rahué el día cuando todo se acaba
suhuírama *vt* habrán acabado
suhuiri *vi* perecieron
suhuíami *s pl* cadáveres
suhuirá *s* orilla
napacha suhuirá dobladillo, orilla (*de la camisa*)
sumá *vt* sobar [*fut.*: **sumuméa**]
sumuchí *s* chupamirto
suní *vt* terminar, acabar, cumplir **Mani suniri nóchia.** Ya terminé de trabajar. [*fut.*: **sunima**]
suníami *adv* en todas partes
sunú *s* maíz
sunú ichori *s* maíz azul
sunú o'néami *s* mazorca
supuchí [*variante de* **sopichí**] murciélago
suquí *s* ombligo
nijé suquira mi ombligo
sucuchí en el ombligo
suquícari *s* pájaro carpintero (*pinto*)
su'rá *vi* 1. aflojarse
2. rebajar la cuenta (*fig.*) [*fut.*: **su'rama**]
su'ránama lo aflojará
¡su'runá! ¡aflójalo!
surá *s* corazón
surachí en el corazón
nijé surara mi corazón
nijé surárachi en mi corazón
suré *vi* tener corazón [*fut.*: **surérama**]

suréami *s* que tiene corazón
surí *vi* 1. no querer convidar 2. no querer dejarle ir
su'rina *vt* soltar
sutú *s* uña, pezuña
cahué sutura las pezuñas del caballo
sutubí *vt* manear (*a un animal*)
sutubípa *vt* soltar (*el mecate con que fue maneado*)

T

[1]**ta** *vi* pedir **Nijeni tánari biré rimé.** Pedí una tortilla. **Ma risensia tari.** Ya pidió permiso. **Risénsia táaga tórini.** Habiendo pedido permiso, lo traje.
taní *vi* estar pidiendo
tana *vt* pedir
[2]**ta** *adj* chiquito
tabé *adj* más chiquito
[3]**ta** *vt* tocar (*un instrumento*)
táa *s sing* chico, infante, pequeño [*pl.*: **cúuchi**]
táa múchari infante
táa nira se encoge
táami *s* músico, tocador
tabá *vi* ponerse la zapeta (*taparrabo que se lleva en lugar de pantalón*)
tabáchami *pp* vestido, que lleva zapeta
taba *vi* luchar **¡Hue tabé!** ¡Lúchele!
[1]**tabachi** *vt* calentar **¡Ba'huí tabachi!** ¡Caliente agua!
[2]**tabachi** *s* lugar estrecho
[3]**tabachi** *s* zapeta (*reg.*), taparrabo (*llevan en lugar de pantalón*)
tábara *s esp* tabla
tabé *adj* más chiquito
tabéara *adj* menor
tabéata *vi* hacer menor
tabéarata *vi* hacer más chico
taca *vt* tocar (*instrumento musical*) **Echi rijoy tamí tácari.** Ese hombre me tocó una pieza.
taguí *vt* estar tocando
tamí *pron* me, a mí **Tamí tánami huenomí.** Me hubiera pedido dinero a mí. **Tamí rihuari.** Me vio.
tamujé *pron* nosotros
tamujé níhuara *pron* nuestro
tamuro *s* mudo
tana *vt* pedir
tané *vt* le pide
tanehua *vt* fiar
tanehui *vt* prestar **Tamí tanehui ripurá.** Préstame el hacha. **Tanéhuaga 'yári.** Lo dio prestado.
tani *vt* rogar
tani Riosi pedir a Dios
tapa *vt pl* acarrear, traer (*en las manos*) [*fut.*: **tapama**]
tará *vt* contar
tarárami *pp* contados
tarapé *adv* no **Tarapé te.** No hay.
tarapé biré ni uno, ninguno
tarapé téeri no tuvo, no tuvieron, no había
tarapé machíami ignorante
tarari *s* semana
biré tarari una semana
[1]**tarí** *s* semilla (*para sembrar*)
turío racara semilla de trigo
[2]**tarí** *s* apuesta
tasi *adv* no **Tasi te.** No hay. No está.
quetasi *adv* no
tasi iré no sirve
tasi 'me natiguí no vale mucho
tasi te falta
tasina *adv* por el arroyo abajito **Ri'rena simí.** Se va para abajo.
tásirapé no
tata *s* padre
te *vi* tejer, extender (*hilos para tejer*) **Echi puri hue gará tétami ju.**

Esa faja está muy bien tejida. [*pp.*: **tétami**]
teca *vt* afinar el violín
técara, téeque *s* cuerda de violín
raberi técura cuerda del violín
técuri *s pl* borrachos [*sing.*: **ricurí**]
téeribi *adv* poco tiempo
témari [*pl.* de **ri'marí**] jóvenes
tera *s* telar
teri *adj* corto
pe teri poco tiempo
térico *adv* al rato, ahorita
térico piché hasta luego
teta *vt* medir por comparación
tétari *s* la medida, el plazo
nijé tétahuara mi plazo, mi tiempo
tibá *vi* aplastarse (*un animalito en la trampa de piedras*) **Ma tibari biré riposi.** Ya se aplastó una tuza en la trampa.
tibí *vi pl* 1. quedar, sobrar **¡Jena'í tibisi!** ¡Quédense aquí! **Que huesi tibiri.** Nadie se quedó. [*sing.*: **ripí**] 2. permanecer [*sing.*: **chi'ré**]
tibíami *pp* restante
tibú *vi* cuidar, vigilar **Nureri tibúnara.** Le mandó guardarlo. **Hue gará tibú.** Cuida muy bien.
tibuta *vt* guardar, proteger, vigilar **Diosi tamí tibuta.** Dios me cuida. **Echi cochí gará tibuta chibá.** Ese perro guarda bien las chivas.
tibútana *vt* encomendar
tibútari *s* espantajo, espantapájaros
tichí *vi* peinar **Nijeni mi tichícama.** Te voy a peinar.
tichícari *s* peine (*hecho de la piña del pino*)
tigó, ticó *vt* cercar, hacer (*con piedra*) **Ma cajuiri echi tigori.** Ya se cayó la trinchera. **Auchecho cu tigopo.** Vamos a hacerla de nuevo.
tigótami *pp* cercado de piedra, hecho de piedra (*casa*)
tigótachi cerco de piedra
tiguina *vi pl* descender
tihué *s sing* muchacha [*pl.*: **ihué**]
tinicha *vt* burlar, repetir (*la misma cosa que uno dice*)
tiquina [*pl. de* **riquina**] se bajan
tisó *vi* usar bastón
tisoca iná apoyarse en un bastón
tisoca iyena andar con bastón
tisóta *vi* caminar con bastón
tisora *s* bastón, bordón **Echi rijoy hue 'nee biré tisora.** Ese hombre necesita un bastón.
tisúhuati [*pl. de* **risúati**] pobres
[1]**to** *vt* llevar, tomar **¡Quiná to!** ¡Tráigalo para acá. **Tórataga júrarati.** Fueron mandados a llevarlo. [*fut.*: **tomea**; *pp.*: **torúami**]
tonáari quería tomarlo
tórati fue traído
[2]**to** *vt* enterrar **Tónaraga tánari.** Lo pidió para sepultarlo.
tótaga estando enterrado
tobá *vi* atascarse
tócuhui *s* maíz (*nacido para hacer tesgüino*)
tochapi *s* pajarito (*con pico fino; andan muchos juntos; vienen en el tiempo de frío*)
tohuí *s sing* muchacho, niño, chamaco [*pl.*: **cúrohui**]
toná *vt* poner parado
tóna palo parado
tónari *s* comida (*de carne cocida*)
toni *s* horcón, piedra parada, poste
toreta *vi* cacarear **Echi torí muquira hue toreta chané.** La gallina cacarea.
torí *s* gallina, pollo
torí bo'huara pluma de gallina
torí cahuara blanquillo
torí michoyara cresta del gallo
torí muquira gallina
torí ochirá hueso de gallina
torí ohuira gallo

torí ruyara molleja de pollo
tosácami *adj pl* blancos [*sing.*: **rosácami**]
[1]**tu** *adv* abajo (*por el arroyo*)
tuna *adv* por el río abajo
[2]**tu** *vt* traer agua, sacar agua con una hueja **Ma turi ba'huí.** Ya trajo agua. **Ba'huí túmani.** Voy a traer agua.
tusa sacando agua
tuca *vt* asar en las cenizas [*fut.*: **tucuama**]
túcami *s* asado
tucua desde abajo
tumujé *pron* nosotros
turio *s* trigo
turio cusurá paja de trigo
turio siquiré segar el trigo
turupa *vi* tropezar
tutuburi *s* baile indígena
túrusi, tútusi *s* tipo de mata que lleva una frutita

U

uba, huiba *vi* bañarse [*pret.*: **huíbari, úbari**; *fut.*: **ubama**; *pp.*: **huibárami**]
ubárari *vt pret* bañar
úca, úcari *s* espinazo
binoy úcara su espinazo, la espina dorsal
ucú *vi* llover [*fut.*: **ucuméa**]
ucuá *s* lágrima
ucuena *vi pl* salir lágrimas
binoy ucuénahuara sus lágrimas
ucuí *s* lluvia
ucuné *vt pl* tienen maridos [*sing.*: **cuné**]
uchá *vt* poner parado (*animal, caja boca abajo, persona agachada, cualquier cosa en cuatro patas*) [*pp.*: **uchárami**]
uchaba *vt* parar **Uchábamani.** Lo voy a parar. (*animal, troca, camión de carga*) **Nurari uchábanara.** Mandó pararlo. [*pret.*: **uchábari**]
uché *vt* 1. untar, ungir, frotar
2. vacunar
3. cargar (*a un animal*), echar carga
uchugá untándole
uchérami ungido, cargado
uchuríhuami con que lo unte
uchíi *adj* estrecho, angostito
uchíibi muy estrecho, muy angostito
[1]**uchú** *vi pl* estar parado (*animal, barco, camión de carga, persona agachada*) **Uchútachana.** Estaban parados trabajando con sus manos. [*sing.*: **chucú**]
[2]**uchú** *vt* 1. chupar, besar
2. picar, picotear **Sayahul tamí uchuri.** La víbora me picó.
[1]**uchucha** *vt* 1. poner parado (*en los cuatro patas*)
2. dejar los animales
[2]**uchucha** *vt* traducir (*al tarahumara o al español*) **Uchuchárami ju rarámuri niráa.** Está traducido al tarahumara. [*fut.*: **uchuchama**]
uchupa *vi* pararse de cuatro patas
uchurí *s* tipo de nopal que florece
uchurisa *vi* volver loco
uchuta *vi* andan parados de cuatro patas **Echi huáasi echo'ná casarátari uchútari.** Las vacas andaban pastando en el zacate.
ujuma *vi pl* correr [*fut.*: **ujumama**]
u'lú *vt pl* 1. tirar
2. llevar (*el agua*) [*pret.*: **u'lúsari** *pp.*: **u'lútami**]
umí *s* cintura
nijé umira mi cintura
umuchí en la cintura
nijé umírachi en mi cintura
umirá *s* el último llano para abajo

umpá *vi* perder (*en el juego*) **Ma ta umpari.** Ya perdimos. [*pret.*: **umpari**; *fut.*: **umpama**; *pp.*: **umpárami**]
umú *vt* tirar flecha o balazo
umugusa *vi* desmayarse
[1]**umuri** *s* bisabuelo, bisnieto
[2]**umuri** *s* canasta (*con tapadera*)
upé *vi sing* tener esposa [*pl.*: **jubé**]
upí *s sing* esposa [*pl.*: **jubí**]
  nijé upira mi esposa
upima *vi* enviudar (*hombre*) [*fut.*: **upímama**]
upímami *s sing* viudo [*pl.*: **upímacami**]
upuyari *vi* salimos (*del trabajo*)
uré *s* fresno (*árbol*)
urí *s* barranca
  urichi en la barranca
urúbasi *s* madroño (*arbusto*)
[1]**usá** *vt* azuzar (*al perro*)
[2]**usá** [*pp. de* **'huisá**] cogido, agarrado **Biré rité usá huabé basari.** Agarrando una piedra le apedreó.
usani *adj* seis
usansa *adj* sexto
usansa macoy *adj* sesenta
usí *adv* arriba por el arroyo
  usina *adv* arriba por el arroyo
  usita *adv* arriba por el arroyo, más lejos
usú *s* 1. abuela materna 2. nieta de la abuela
  nijé su'urá mi abuela materna
usuta *adj* zurdo **Usuta ju.** Es zurdo. **Usútara osá.** Escribe con la mano izquierda.

Y

'ya *vt* dar, convidar [*ger.*: **ayá**]
  agá dándole
yáatari *adv* de repente (*en futuro*)
  yáti cu nahuama vendrá de repente
yáati *adv* inmediatamente, pronto
'yé *vt* quitar [*pp.*: **'yérami**]
ye *adv* por allá, alrededor
  corí yé por allá (*al otro lado del cerro*)
  ripá yé allá arriba (*al otro lado del cerro*)
yéachi *adj* 1. abierto (*puerta, ventana*) 2. abertura (*de la puerta*)
  carí yéhuarachi la puerta de la casa
'yeba *vt* traer (*para alguien*) **Nimí 'yébarí je'ná namuti.** Te traje esta cosa.
'yeca *vi* engañar, decir mentiras
  'yécaca diciéndole mentiras
  'yécarami *pp* engañado
  'yécami *pp* mentido, engañado
yema *vi* estar vertiginoso **Tamí yémtari.** Me causó vértigo. [*fut.*: **yémama**]
  yémta *vi* causar vértigo
'yemi *pron* ustedes
'yemi níhuara *pron pos* vuestro, de ustedes
'yena *vi pl* andar [*sing.*: **iyena**]
yena [*variante de* **iyena**] andar
  Cumi yénari. ¿Dónde andabas?
  Chu yénaco. ¿Qué hora?, ¿Cuándo?
  Chu yénasí. ¿Hasta cuándo?
yepu *interr* ¿quién?
'yera 1. *s* puerta (*lo que cierra*) 2. *vt* cercar, cerrar, encerrar [*pp.*: **'yératami**]
yera *vi* invitar
yeri *vt* conducir [*fut.*: **yérama**]
'yeta *adj* cerrado **'Yeta huirí.** Está cerrada la puerta.
  'yétachi donde está cerrado
[1]**yiri** *s* clase **¿Chu yiri?** ¿Qué color? ¿Cuál? ¿Qué clase?
[2]**yiri** *s* semejanza
  pée yiri sin nada

mapu yíripi cualquier
yo *vi sing* enojarse [*fut.*: **yoma**; *pp.*: **yóami**; *pl.*: **na'ahua**]
onó está enojado
yoca *vt* teñir **Bo'osari yócama nijé.** Voy a teñir lana.
yona *vt* regañar **Igúsuhuami jiti yónarati.** Fue regañado por las autoridades.
yónarati fue regañado
[1]**yora** *vt sing* enojar [*pl*: **na'áhuata**]
[2]**yora** *vi* inclinar la cabeza
yóraga inclinando la cabeza
yuhua, yuga *conj* con **Nijeni mi yuhua simea.** Yo voy contigo.
yura *vt* 1. guiar
2. llevar de compañero (*en un viaje*)
yusa *vt* llevar a otro al caer (*personas o cosas*) **Echi rité auchecho biré huarú rité yúsari.** Esa piedra que rodó se llevó otra piedra grande también.

DICCIONARIO
ESPAÑOL – TARAHUMARA

ESPAÑOL - TARAHUMARA

A

a pesar de arigá
abajo *adv* 1. ri'ré, tugá ri'reri
2. tu (*por el arroyo*)
de abajo ri'reca
lo de abajo ri'reti
más abajo *adv* rirí, tugá ri'reri
por abajo ri'rena
por el arroyo abajo tasina
por el lado de abajo ri'rínomí
por el río abajo tuna
abandonar *vt* huaminá arihué
abanicar *vt* lohué
abanico *m* 1. lohuera
2. masábari (*lo que lleva el bailador matachín*)
abeja *f* si'orí
abejorro *m* huicó
abertura *f* 1. ihuáachi
2. yéachi (*de la puerta*)
abierto *adj* irápatami, yéachi (*puerta, ventanta*)
estar abierto iyéata (*puerta, ventana*)
abofetear *vt* cho'ná
abollarse *vr* michú
abono *m* ripuca, huitá (*estiércol*)
aborrecer *vt* quichí
abotonar *vi* cojita (*flor*)
abrir 1. *vt* riná (*la boca*)
2. *vt* irapa (*puerta, caja*)
3. *vi* irápata
absorber *vt* chunú
abuela *f* 1. usú (*materna*)
2. acáchura (*paterna*)
abuelo *m* 1. aparocha (*materno*)
2. ochícari (*paterno*)
acá *adv* jeocuá (*en cierta parte*), jami, huaquiná
más acá en tiempo huaquinánocuá
para acá huaquiná
por acá quiná
acabar 1. *vt* suhué, suhuaba, suní
2. *vt* suhuá (*completamente*)
3. *vi* suhuí
acabará sunima
habrán acabado suhuírama
acallar *vt* ra'ama
acarrear *vt* 1. apera (*sing.*), pabera (*pl., en las espaldas*)
2. tapa (*pl., con las manos*)
acaso *adv* 1. siné cáachi
2. ¿acha? (*sólo se usa en preguntas*)
aceptar *vt* naré
acercar 1. *vt* murubehua
2. *vr* murubéana, nahuíi
aclarar *vi* cahuí
aconsejar *vt* ruyé
dar consejo gará ruyé
acontecer *vt* iquí, rihuéari
después de lo acontecido quinana
raramente acontecerá siné cáachi iquimea
acordarse *vr* 1. nehuará
2. gará aní
ponerse de acuerdo nacaréhua (*pl.*)
acornear *vt* riquichó, chi'ibú
acostarse *vr* bu'huiba
estar acostado bu'huí (*sing.*), bití (*pl.*)
se acostarán bitibama
ponlo acostado *imper* ¡riqué!
acostumbrar *vt* gará biné (*aprende*)
acusar *vt* hui'nijí
le acusará hui'nijima
cuando lo acusan hui'nijíhuachi

adelantar *vi* nitoba
adelante *adv* bachá
 más adelante huaminana (*de un tiempo pasado*)
 por adelante bacháami
 va adelante bachahuara
adentro *adv* pachá
 por adentro pachana, pachámana
 puesto adentro mo'huáami
adiós *interj* ¡ariósibá!
admirar *vt* no', ritú
 admirándolo inoya
adónde *adv* ¿cumi?
adormecer *vt* cochírata
adornar *vt* ba'yórata
afilar *vt* chutá, orara
afinar *vt* teca (*el violín*)
afirmar *vt* bichíhuaga aní
aflojado *adj* si'rúami
aflojar 1. *vt* si'runá
 2. *vi* su'rá
afuera *adv* machí, machíami, machiná, machímanomí
 los echa afuera machí a'huá
 por afuera machímana
agachar 1. *vt* bunahua
 2. *vi* buná, ra'oa atí
agarrar *vt* 1. chapí, 'huisa
 2. macó (*entre las manos*)
 3. 'machó (*alguna cosa para no caerse*)
 agarrado *pp* usá
 lo quería agarrar chapináari
agarrotar *vt* cusébana
agotar *vt* 1. ma huaquicheri (*pret., el agua*)
 2. ma suhuábari (*la mercancía*)
agradar *vi* gará nirani (*me parece bien*)
agradecer *vt* natétara 'ya
agrandar *vt* huarubé nihuá
agrio *adj* chocóami
 está agrio chocó
agua *f* ba'huí
 hay agua ba'hué
 tira agua huiró
 toma agua ba'huí bají
aguaje *m* bajichi, payéhuachi
aguantar *vt* 1. anacha
 2. rojorá (*en la carrera*)
agudo *adj* chupéami
aguijada *f* huéchara
águila *f* a'hué
aguililla *m* cusá (*gavilán blanco*)
aguja *f* huichá
agujerear *vt* ihuará
agujero *m* ihuáachi
 tiene agujero ihuá
agusanarse *vr* 1. cuchíhua (*animal*)
 2. muteta (*maíz*)
ahí *adv* echo'ná *Véase* **allá**
ahogar 1. *vt* si'rina
 2. *vr* cuseba, si'rí (*en el agua*)
 3. *vr* cosó (*comiendo*)
 4. *vr* coché (*por alguna cosa en la garganta*)
 estar ahogándose cosonó
ahondar *vt* ri'ré jota
ahora *adv* jipi
 desde ahora jipi jonsa
ahorcar *vt* cusébana
ahumar 1. *vt* morisota, morisóbana
 2. *vr* morisó
aire *m*
 hace aire icá
ajeno *adj*
 persona ajena si'nú rarámuri
ala *f* aná
 alas de pájaro churuguí anará
alabar *vt* garabé ané
alabeado *adj* comíami
alacrán *m* machiri
alamillo *m* huasaró (*variedad de álamo*)
alargar *vt* hui'rira
alcanzar *vt* náapa, nachihuí, seba
 no le alcanza quetasi nachihuí
alegrar *vr* canira
 está alegre hue canira
alejar 1. *vt* micabéanta

2. *vr* micabéana
aleta *f* aná
aletas de pez rochí anará
aletear *vi* anachapa, chi'ró, anahué
algo *pron* pe táa
por algo echijiti
alguien *pron* birétari
algunos *pron* jaré
alimento *m* co'huáami
alisar *vt* ri'huana
lo está alisando ri'huaní
aliviar *vt* sa'huí, cu sa'huá (*sanar*)
aliviado (*del pie, brazo, etc.*) acánami
alma *f* arihuá
almas de los antepasados 'nayáhuari
almohada *f* mosobera
poner almohada mosobé
almud *m* arimuri
alrededor *adv* norigá
ir alrededor norera
alto *adj* ripá
muy alto ripabé
estar muy alto ripáami ju
alumbrar *vt* rajá
alzado *adj* catehuárami
alzar *vt* carihué, catehua, nuté
allá *adv* 1. echo'ná, huamí
2. ripá yé (*arriba, al otro lado del cerro*)
más allá minana, minánomí
para allá echomí
poco más allá 'nabé
por allá echo'ná, ye, huaminá, corí yé (*al otro lado del cerro*)
allí *adv* 1. echo'ná
2. echocuá (*por atrás*)
amable *adj* garéami
amamantar *vt* chi'íra
amanecer *v impers* chi'rá (*el día*)
al amanecer ma chi'risá
amansar *vt* binera
amar *vt* caré, garé
amado carécahuami
amargo *adj* 1. corácami
2. poyaca (*como aspirina*)
3. chipú (*como café*)
4. coraca (*picante como la cal*)
amarillo *adj* lánami
amarrado *adj* 1. borogá
2. huíira chucúami (*animal parado*)
amarrar *vt* 1. buré, nachigó
2. huíi (*animal con mecate*)
3. i'huí (*por las patas*)
4. cho'ojí (*el hocico a un animal*)
5. borogá (*lo acoyunda*)
6. naquibú (*juntos*)
si le amarran burusáagá
amasar *vt* masó
ambos *adj* ocuánica
amigo *m* amígohua
mis amigos nije amígohuara
amo *m* carí níhuami (*de la casa*)
amontonar *vt* muchuhuama
ampolla *f* sijarí
ampollar *vt* ca'marota
anaranjado *adj* saróami, lánami
anciana *f* huiráami
anciano 1. *m* 'ochérami
2. *s pl* chapiyó (*los que se paran a un lado gritando cuando bailan los matachines*)
ancho *adj* huarú chipérami
andar *vi* 1. iyena (*sing.*), jo, 'yena (*pl.*)
2. apabera (*acarreando a lomo*)
3. bitira (*como borracho*)
4. chiná iyena (*escondido*)
5. hue sapuca simí (*aprisa*)
6. huirira (*haciendo algo*)
7. nicumé (*estorbando*)
8. norira (*dando vueltas*)
9. tisoca iyena (*con bastón*)
10. uchuta (*de cuatro patas*)
11. ujuma (*rápido, pl.*)
angosto *adj* uchíi (*tierra*)
muy angosto uchíibi, ta chipérami, chacátami (*bordo*)
ángulo *m*
que tiene ángulo chacárami

angustia *f*
siente angustia hue o'mona
anhelar *vt* hue naquí
animal *m* namuti
animar *vt* nírata
ánimo *interj* ¡huériga!
anoche *adv* rapaco rocogó
anochecer *v impers* chona
ante *prep* bacháami
anteanoche *adv* huanihuí rocogó
anteayer, antier *adv* huanihuí
antemano *adv*
de antemano bachá niráa
antepasado *m* 1. nayáhuari (*sing.*); a'nayáhuari (*pl.*)
2. chabé qui'ya piréami (*pl.*)
almas de los antepasados 'nayáhuari
anterior *adj* jubánara
antes *adv* 1. chabé
2. chabénara (*en relación con otro*)
antes de que cho
de antes chabéhuami
mucho antes nayá, qui'yá
antigüedad *f*
de antigüedad qui'yá
anzuelo *m* binorí
añadido *adj* muhuéhuarami
año *m* bamíbari
año antepasado chabé biquiyá bamíbari
año pasado chabé bamíbari
apenas tiene un año que cho biré bamíbami ju
hace años huicabé bamíbari
hace muchos años ma hui'rí bamíbari
hace un año bamiba, ma biré bamíbari
apagar 1. *vt* cho'huá (*lumbre*)
2. *vr* cho'huí
aparecer *vi*
aparece delante de bacháami huiriba
apartar 1. *vt* rojana (*sing.*), rojuana (*pl.*)
2. *vt* bi'nérahua (*solo*)
3. *vt* huanabú (*lejos*)
4. *vr* rojuá (*sing.*), rojá (*pl.*)
5. *vr* huanihuí (*lejos*)
apartado rojuácami
el que los aparta rojuánami
aparte *adv* 1. a'huínari
2. huaná (*lejos*),
apedrear *vt* bapá, basibú
apedreado basibúrami
apellido *m*
le ponen apellido rijí
apenas *adv*
apenas tiene un año que cho biré bamíbami ju
apenas salió bucurí simíri
apersogar *vt* huiya
apestar *vi* hue cha jubá (*mucho*)
apetito *m*
que tiene apetito ra'íami
aplanar *vt* ri'huana
aplastado *adj* mitáchami
aplastar 1. *vt* nitapa, rachina, muteta
2. *vt* chi'rá, chi'rana (*con dedo*)
3. *vt* mitáchana (*cosa grande*)
4. *vr* muté, rachí
5. *vr* tibá (*animalito en trampa de piedras*)
6. *vr* mitacha (*cosa grande*)
lo aplastó *vt* michunari
se aplastó *vr* michuri
aplaudir *vt* sicachó
apoyar 1. *vt* sicochi chehui (*en el rincón*)
2. *vr* tisoca iná (*en bastón*)
3. *vr* mo'huera (*la cabeza, en algo cuando se acuesta*)
aprender *vt* biné
aprenderá pénama
que puede aprender pénami
apresurar 1. *vt* jiyata
2. *vr* jiyá
apretar 1. *vt* camina, cha'ira

2. *vi* cha'í
aprisa *adv* jiyahui (*por irse*)
anda aprisa hue sapuca simí
apuesta *f* tarí
apuntar *vt* jóhua
apunta bien jugando cuatro (*tirando al hoyo*) baché
apúntalo *imper* ¡johuá!
apuñalar *vt* chihuá
apurar *vr* 1. sapú
2. sapunú (*mucho*)
que se apura mucho sapunéami
aquél, aquélla *pron dem* echi, echimí, mi
aquel, aquella *adj dem* echi, echimí, mi
aquí *adv* jena'í, na'í, na'ibi
desde aquí jena'í jonsa
por aquí jami
arado *m* arara
araña *f* 1. narúchari
2. chabochi (*amarilla*)
arar *vt* 1. huasará
2. ro'hué (*cultivar*)
arco *m* 1. catá
2. conomí (*arco iris*)
3. atá (*para flechas*)
tiene arco até
arder *vi* rajá, rajina
está ardiendo rajiyá
ardiente *adj* rajáami
ardilla *f* 1. chimorí, láchamuri (*amarilla, se sube a los árboles*)
2. huichimó (*chiquita de la tierra*)
3. chipahuí, chumorí (*gris, de los árboles*)
4. chicá (*mediana de la tierra*)
5. chichimó (*de la tierra, vive entre las piedras*)
arena *f* saté
arenal *m* satibó
arenoso *adj* satibótami
arete *m* hui'rá
tiene arete hui'ré
arma *f* carabina
aro *m* rohuera
arrancar 1. *vt* opó
2. *vt* napó (*las hierbas parejitas*)
3. *vt* bo'ná (*con todo y raíz*)
4. *vr* mabú (*brincando*)
5. *vr* chabopa (*las barbas*)
arráncalos bo'nisí
arrastrar *vt* banira
arrear *vt pl* meta
arrebatar *vt* 'huisa
arreglar *vt* a'lara, carihué
arreglado carihuérami
arrepentirse *vr* ro'huí
arriba *adv* 1. ripá, paayé
2. paní (*en la falda*)
3. ripata rabó (*en el cordón*)
muy arriba ripabé
arriba por el arroyo usina, usita
para arriba ri'inana
para arriba ripari (*un poco lejos*)
para arriba rihuira (*en la falda*)
por arriba ripana, panina (*en la falda*)
por allí más arriba en la falda panínomí
arrimar 1. *vt* murubehua
2. *vr* murubéana
arrodillar *vr* chocóbaga huirí (*sing.*), chocóbaga jahui (*pl.*)
arrojar *vt* huaminá pa
arroyo *m* 1. comichi
2. rijachi (*chico*)
arriba por el arroyo ca'ó
arribita por el arroyo usí
donde el arroyo ha hecho un hueco en la laja boquírachi
hacer como arroyo comítana
hay arroyo comí
para arriba en el arroyo ca'ona
arrugado *adj* si'rúami
frente arrugada cohuárachi si'rúami
arrugar 1. *vt* si'runá
2. *vt* cachuna (*papel*)
3. *vr* cachú, si'rú

asado 1. *m* túcami
2. *adj* ahuérami, mijírami
asar *vt* ahué, mijí, tuca (*en las cenizas*)
asco *m*
da asco (*por ser sucio o feo*) chijuna
asentar *vr* rachita (*café, pinole*)
asesino *m* nicóami (*sing.*), co'huirúami (*pl.*)
asesinar *vt* mi'yá (*sing.*), co'ya (*varios animales*)
así *adv* 1. jerigá (*de esta manera*)
2. echirigá (*de esa manera*)
así es jeré
así (*también*) achigórigá
asolear *vr* rayénati chobari
astilla *f* michira
astillar *vt* chabecha
asustar 1. *vt* majajara, majajocha, majajá
2. *vr* ripá huichí (*brinca de susto*)
atajar *vt* 1. chehui, ihué
2. natibú
ataque *m*
dar ataques epilépticos mugúsuhua
atardecer *v impers* arihua
atascadero *m* biréana sobácohuachi
atascar *vr* sobá, tobá
atiesar *vt* 'aché, hua'ché (*del frío*)
atizar *vt* 1. na'é, rohué
2. nachuhua (*tizones a la lumbre*)
atole *m* huatónari
hace atole huatona
atónito *adj* majajáratami
atorar *vt* cha'í
atormentar *vt* risúu orá
atrancar *vt* chehui
atrás *adv* 1. jubá
2. cuhuana (*de la casa, del cerro*)
3. corí cuhuana (*del cerro*)
hacía atrás jubá ocuá
por atrás jubáami
atrasar *vr* jubahua
atravesar *vt* 1. ripuna simira
2. ca'yénahua (*pone atravesado*)
aullar *vi* nacú (*sing.*); niquiyá (*pl*)
aumentar 1. *vt* muhuehua
2. *vi* muhué (*pl.*)
aún *adv* abijí, ayena cho
autoridad *f* igúsuhua, igúsuhuami (*del pueblo*)
es autoridad cusihua (*sing.*), igúsuhua (*pl.*)
le dan autoridad i'huita
autorizar *vt* risensia 'ya
avanzar *vi* bachá simí
avergonzar *vt* rihuérata
avisar *vt* ru, nahuesa, ruyé
avisado nahuésarami
avisándole ruhuigá
fue avisado anérati
avispa *f* napari (*amarilla*)
ay *interj* ¡arirí!
ayer *adv* rapaco
ayudante *m* nigúurami
ayudar *vt* cu'huira, nigúura
azadón *m* huasarara
azotar *vt* huipisó
azotado huipisótami
querían azotarle huipisónari
azul *adj* siyonamí
es azul siyona
azulejo *m* chu'yá (*ave, grande y copetuda*)
azuzar *vt* usá (*al perro*)

B

babear *vi* sa'rihué
bailar *vi* ahuí (*matachines*)
baile *m*
baile indígena tutuburi
bajar 1. *vt* riquina (*sing.*), tiquina (*pl.*)
2. *vt* riquibú (*de arriba*)
3. *vt* casuna (*del monte*)
4. *vi* casú (*del monte, el Sol un poco*)

5. *vi* quisú (*resbalando de arriba*)
bajo *adj* comí
banca *f* cusiberi, cusuberi, juberi
poner banca cosibé
banda *f* bo'ó (*otra banda del arroyo*)
a la otra banda bo'ona, bo'ora
a la otra banda (*en un bordo plano*) bo'onata
banquillo *m* cosibera
bañar 1. *vt* ubárari
2. *vr* uba, huiba
barato *adj*
está barato quetasi 'me natiguí
barba *f* chabóa, charóarahua
barbacoa *f* sapá mijírami
barbechar *vt* huasará
barranca *f* urí
en la barranca urichi
barrer *vt* pichí
barro *m* huichorí, hui'yé, ochorí
barroso *adj* huichorítami
estar barroso huichorita
basquear *vi* opesi, o'yó
bastante *adj* sébari
bastón *m* tisora
anda con bastón tisoca iyena
usa bastón tisó
basura *f* ripuca
en la basura ripúcachi
batir *vt* 1. huisó (*lodo*)
2. loca (*pinole en agua*)
bautizar *vt* pagó
el que bautiza pagóami
bazo *m* imasehua
enfermo del bazo imaséhuami
beber *vt* bají
hacerle beber, le da a beber bajira
bello *adj* ba'yóami
bellota *f* rojuí
besar *vt* uchú
bestia *f*
bestia ajena si'nú bucura
bien *adv* gará
muy bien garabé
no lo hace bien chuhuérahua
nota bien gará nehuará
bigote *m* chabóa
bilis *f* agásane
bisabuelo *m* umuri
bisnieto *m* umuri
blanco *adj* rosácami (*sing.*), tosácami (*pl.*)
medio blanco rosábachami
blando *adj* rasáami
blanquear 1. *vt* rosánta, rosánahua, rosácami osé
2. *vi* rosana
blanquillo *m* torí cahuara
boca *f* riní
boca abajo acaná
boca arriba ri'ná
en la boca rinichí
bola *f* comácari (*hecha de madera con que corren en las carreras*)
hacer bola cabó
se hace una bola capórana
bolita *f* garábusi (*que se forma en el encino en el mes de mayo*)
bolsa *f* chihuáhuara (*de cuero*)
bolsita de gusanos del madroño i'huiri
bonito *adj* ba'yóami, simati, su'hué, su'huétari
está bonito ba'yó, su'hueta
lo hace bonito ba'yora
que huele bonito su'hueti júcami
borde *m* suhué
bordón *m* tisora
borla *f* nacara (*de cobija*)
borracho *m* ricurí (*sing.*), técuri (*pl.*)
borrar *vt* 1. nacuba, na'oma
2. nacú (*la huella*)
borrego *m* 1. bo'huá
2. chiyó (*que tiene cuatro cuernos*)
borreguito *m* 'méchuri
bostezar *vi* ritena
botella *f* limeta
bracear *vi* sicahué
bramar *vi* 1. cusú, roró

2. roróchané (*toro*)
brasa *f* sahuiri
se hacen brasas sahuí
bravo *adj* aparúami (*sg*), jobátami (*pl.*)
está bravo aparú
brazo *m* sicá (*incluyendo la mano*)
tiene brazo siqué
brillante *adj* ratábami
brillar *vi* 1. rataba (*mucho*)
2. rayena (*el sol*)
brincar *vi* chi'ró, chipó, pochí
broma *f*
hace bromas con las cuñadas ramujera
brotar *vi* 1. a'huí
2. machina ba'huí (*agua*)
3. sahuarasa (*hojas nuevas*)
brujo *m* sucurúami
buche *m* ruyari
en el buche rahuichí
bueno *adj* gará
bueno para tomar bajíhuami
está bueno iré
lo hace muy bueno garabérata
muy bueno garabé
sería bueno cameri
buey *m* bóisi (*sing.*), ibóisi (*pl.*)
búho *m* cabósari (*chico*)
burlar *vt* tinicha
burro *m* burito
buscar *vt* 1. a, amí
2. jiyé (*las huellas*)
fue a buscarlo ámia simiri

C

caballo *m* cahué, cao, jabu
cabecilla *f* choquirá
hacer cabecillas (*organizar carreras*) choquirá
cabello *m* cupá
cabelludo *adj* hue cupéami
caber *vi*
que no cabe cha'í
cabeza *f* mo'ó
cabeza de vaca háasi mo'ora
en la cabeza mo'ochí
poner la cabeza mo'huera
cabrito *m* muruchi
cacarear *vi* toreta
cacto *m* huichurí (*redondo*)
cada *adj*
cada uno ibiri, ibíripi
cadáver *m* chu'huí (*sing.*), suhuíami (*pl.*)
cadera *f* cachagá, cachígachi
caer *vi* 1. ba'huichí (*el sereno*)
2. raramú (*un rayo*)
3. huichiba (*sing.*), rujuí, rujuní (*pl.*)
4. risú, risunú, (*muchas cosas*)
5. i'mé (*al suelo*)
6. huichí (*de arriba*)
7. chucú (*sing., de rodillas y en las manos*)
8. ri'nahuí (*por atrás, en la espalda*)
9. na'mí, ca'mí (*un pino, un poste*)
10. najuí (*muchas cosas, una trinchera*)
11. sahuarusa (*las hojas*)
12. bo'orusa (*pelo a los animales*)
lleva a otro al caer (*personas o cosas*) yusa
café *m* cajé
heces del café cajé rachirá
cajete *m* bitori (*plato, cazuela*)
en el cajete bitórachi
hace cajetes bitórata
calabacilla *f* carisí (*planta*)
calabacitas *f* chi'múcari
calabaza *f* 1. bachí
2. sicobachi (*blanca pintada*)
flor de calabaza bachí sihuará
semilla de calabaza bachí racara
calambre *m*
tiene calambre chopota, rabota

calcañar *m* ranícuri
caldo *m* ba'huira
hace caldo ba'huirá
calentar 1. *vt* ratabacha
2. *vr* socuara (*a la lumbre*)
3. *vr* rasuca (*al sol*)
calentura *f*
tiene calentura ratara
calmar *vi* 1. quirá (*la tempestad*)
2. sihué (*viento*)
calor *m*
cuando hace calor ratabáachi (*del sol*)
en el tiempo de calor cuhuésachi
hace calor ratá
tiene calor hue ratara
calzón *m* casibacha
cama *f* juberi (*de tablas*)
hacer una cama o una banca jubé
camaleón *m* jócari
cambiado *adj* nacuríhuami
cambiar *vt* nacurihua (*pl.*)
cambio *m* rojácami (*dinero*)
en cambio si'huinárigá
caminar *vi* 1. simí, iná
2. hue ihuéami simí (*aprisa*)
3. tisóta (*con bastón*)
caminar dormido ramuca asisa
camino *m* buhué
en el camino buhuichí
hacer camino burá
hay camino burú
había camino burúuri
camisa *f* napacha
poner una camisa a otro napachata
ponerse camisa napacha
quitar la camisa napachapa
camote *m* chiquí (*se usa para hacer pegamento para violines*)
campana *f* capaneri
toca la campana huipisó capaneri
campo *m* cahuí
cana *f* motosá
tiene canas matosé
canasta *f* 1. huari
2. imuri (*con tapadera*)
3. huatobé (*grande*)
cansado *adj* risíami
cansar *vr* risí
cantar 1. *vt* nahuají
2. *vt* huicará (*con una sonaja*)
3. *vi* cusú (*el gallo*)
cuando cantan (*gallos*) cusúhuachi
cantidad *f*
esa cantidad echiquí
qué cantidad ¿chu quipu?
caña de maíz *f* ma'
come caña maba
capar *vt* bichabú (*un animal*)
capitán *m* capitani
capulín *m* 1. cusabi (*árbol*)
2. cusabi racara (*fruta*)
cara *f* acá
en su cara binoy acárachi
caracol *m* narácuri
carbón *m* sahuiri
cárcel *f* comurachi
cardar *vt* bo'osari rajana (*lana*)
carecer *vi* quetasi te
carga *f* muruca (*una carga amarrada*)
cargado *adj* uchérami
cargar *vt* 1. uché (*un animal*)
2. matora (*en la espalda*)
cargo *m*
tiene cargo cusihua (*sing.*), igúsuhua (*pl.; autoridad*)
cariño *m*
tiene cariño garé
carne *f* sapá
caro *adj* hue nateguí
carona *f* pera
carpintero *m* 1. tabla sipáami (*hombre*)
2. o'yócuhui (*pájaro*)
3. socorachi (*pájaro; cabeza colorada*)
4. oyoque (*pájaro; café y gris*)
5. suquícari (*pájaro; pinto*)

carrete *m* caruchi (*de hilo de algodón*)
carrizo *m* bacá
carta *f* oserí
casa *f* bitechi, carí
casa de la comunidad cumurachi
en la casa bitichí, carírari, carichí
entre las casas carírari
hace una casa carirá
tiene casa carihua
casar *vr* nihuícohua, napé
está casada cuné
cascabel *m* 1. chamurá
2. sinohui chamurara (*de víbora*)
cascabel del pascolero chanébari
que tiene cascabel chamuré
víbora de cascabel chico chachámuri
víbora de cascabel grande sayahui
cascada *f* bocuírachi, ba'huí huichírachi
cáscara *f* 1. cajera (*delgada*)
2. bachi cajera (*calabaza*)
3. narasi cajera (*naranja*)
casi *adv* noguí, soguí
ya casi ma ne muripi
caso *m*
le hace caso nijehua
que no hace caso rasíami
va a hacer caso nijiyama
castellano *m* orí ra'íchara, chabochi ra'íchara
castigar *vt* castigo 'ya
castrar *vt* huichabú
catarro *m*
tiene catarro cho'maná
catorce *adj* macoy miná nahuó
cazador *m* sirúami
cazar *vt* sirú
cazuela *f* bitori
cecina *f* sapá huaquichéami rapirárami
ceja *f* cochírahua
celos *m*
tiene celos ni'mayé
celoso *adj* ni'mayéami
cellisca *f* rijísari (*reg*: **grajea**)
ceniza *f* napisó
ceñir *vt* puma
cepa *f* cutémari (*de árbol*)
cepillar *vt* ri'huana, sipá
cerca *adv* muripi
muy cerca murubé
lo pone cerca murubéanta
cercar *vt* 1. 'yera
2. tigó (*con piedra*)
cerco *m* 1. tigótachi (*de piedras*)
2. irí (*de palos*)
junto al cerco irichi
cerebro *m*
tiene cerebro mochogohua
cerrado *adj* 'yeta
donde está cerrado 'yétachi
cerrar *vt* cupí (*ojos*)
lo que cierra 'yera
cerro *m* 1. rabó
2. churichi (*picudo*)
3. coráachi (*despeñadero*)
en el cerro donde es pura laja pisachi
entre los cerros churírari
cervato *m* marichi
cesta *f* huari
cetro *m*
tiene un cetro de autoridad cusihua
ciego *m* 1. que machíriami
2. busugachi (*una persona a quien se le acabó completamente la vista*)
cielo *m*
en el cielo rihuigachi
ciempiés *m* ma'agá
ciento *adj* biré ciento
ciénaga *f* huisogátari
ciertamente *adv* irura
cierto *adj* bichíhuari
no es cierto quetasi bichíhuari ju
cigarro *m* péhuari
cilíndrico *adj* capírami
está cilíndrico capira
hace cilíndrico capírahua

cima *f* churichi
cimiento *m*
  hace cimiento para casa ri'ré bachá tigó
cinco *s, adj* marí
  cinco decalitros marí alimuri
  en cinco partes maríana
cincuenta *adj* marisa macoy
cincha *f* ropajípara
cinchar *vt* ropajipa
cintura *f* umí
  en la cintura umuchí
cinturón *m* pura
círculos *m pl* chirúrami
ciudad *f* huarúrachi
claramente *adv* machiná, machíami
claro *adj* cahuíami, bi'huíami, machiná ju
clase *f* yiri
  de todas clases cáraca, carúmati, carúmati namuti (*cosas*)
  esa clase echiyiri
  esta clase jeyiri
  qué clase ¿chu yiri?
  tengo de todas clases cáraga níhuani
clavado *adj* michóntami
clavar *vt* 1. clavo jiti michona
  2. michona (*con martillo*)
clueca *adj* napóami
coatí *m* churé
cobarde *adj* majáami
cobija *f* 1. cahuisori, quimá
  2. ba'nésuri (*gastada*)
  se llevó una cobija quimérari
  tapándose con la cobija quimácamaga
  tiene cobija quimé
cobrador *m* nipáami
cobrar *vt* bujé, nipá
cocer *vt* 1. basú
  2. quirí (*quelites*)
cocinar *vt* huasa (*p.ej.: tortillas, frijoles*)
cócono *f* chihuí (*guajolote silvestre*)
codiciar *vt* corú
codicioso *adj* corúcami
codo *m* sitó, sitóachi
codorniz *f* rochorí
coger *vt* chapí, 'hui, 'huisa
  cogiendo usá
cojo *s, adj* casimochi, que acáanami
  cojo de una pierna que acáanami biréana ronochí
cola *f* huasí
  cola de caballo cahué huasira
  cola de vaca huáasi huasira
colar *vt* paca (*café, leche, agua*)
colear *vt* huasírahua, huasihué
colgar 1. *vt* huijáhua
  2. *vi* cuseba
  está colgado huijá, huijaga chucú
colibrí *m* simuchí
colina *f* táa rabótami
color *m* yiri
  qué color ¿chuyiri?
colorado *adj* sitácami
  se pone colorado sitagápa
collar *m* corogá
comadreja *f* ricamuchi
comal *m* saquiri
comenzar 1. *vt* chota
  2. *vt* chocojipa (*un carrera*)
  3. *vi* o'huina
  4. *vi* romosa (*el invierno*)
  comenzaron a decir nocuíchane
comer 1. *vt* chuca (*usando una tortilla para coger la comida*)
  2. *vt* cu (*esquite, granos enteros o fruta dura*)
  3. *vt* cobí (*pinole seco*)
  4. *vt* chu'mí (*con los dedos, alguna comida aguada*)
  5. *vt* cumí (*fruta dura, galletas, dulces*)
  6. *vi* co'huá
  a comer cosísiya
  comiéndolo así cumuyá
  el que come co'yami
  en el tiempo de comer co'huáhuachi

le da de comer cóo, cohuí
tiene ganas de comer co'nari
que le da de comer a otro cónami
comerciante *m* norahua
comezón *f*
tiene comezón chicora
cómico *adj* achíptiami
comida *f* 1. co'huáami
2. tónari (*de carne cocida*)
3. chúcari (*carne cocida o frijoles guisados*)
tiene comida nuté
le da comida cotúura
le da comida regalada o'huiqué
comilón *adj* co'huéami
cómo *adv interr* ¿churigá?
como *adv* niráa, mapurigá
comoquiera *adv* chuhué
hace comoquiera chuhuérahua
hace mal comoquiera chibisíami
compadecer *vt* natimá
compañero *m* apanérohua
comparecer *vi* bacháami huiríba (*sing.*), bacháami jaba (*pl.*)
compasión *f*
tiene compasión natimá
complacer 1. *vt* canírata
2. *vr* canira
complejo *adj* amarúami
completamente *adv* buchuhuí, cara, cáraca
completar *vt* sebara
completo *adj* sébari
están completas cari ju (*las chivas*)
componer *vt* garara, cu catehua
comprador *m* nihuíami, raráami (*de maíz*)
comprar *vt* rará
comprender *vt* gará machí
comprometer *vt* bichíhuaga aní
con *prep* 1. jiti, na'rohua
2. napéa
3. yuhua, yuga
cóncavo *adj* rocomíami
es cóncavo comíami
hace cóncavo comítana
hecho cóncavo comítami
conceder *vt* risensia 'ya
condenar *vt* hui'nijí
conducir *vt* yeri
le conducirá yérama
conectar *vt* nachupa
conejo *m* rohuí
confesar *vt* binoy cu ru
confiar *vt* no
confundir *vt* que nehuará (*sing.*), que nehuarábanari (*pl.*)
congelar 1. *vt* ro'rochébana
2. *vr* ro'roché
conocer *vt* 1. machí
2. ra'é (*un lugar*)
fué conocido machírati
hubieran conocido machibói
que conozcan machisí
conocido *adj* machirúami
conque *conj* mapujiti
conseguir *vt* saca
consejo *m*
dar consejo oyera
consentir *vi* risénsia 'ya
consigo *pron* binoy yuhua
consolar *vt* cu canírata
construir *vt* carirá (*una casa*)
contado *adj* tarárami
contagiar *vr* nachú
contar *vt* tará
contener *vt* 1. buchí
2. maní (*líquido*)
que contiene un líquido maníami
contentar *vt* canírata
contento *adj*
está contento janiri, caniri
contestar *vt* nijehua
contigo *pron* mi yuhua
contra *prep*
está en contra sayera
contradecir *vt* nimica, cu cuhuana ni'yó

contrario *adj*
al contrario si'núrigá
convencer *vt* bichíirata
convenir *vi*
no me conviene quetásini gará mayé
convertir *vr* garana
convidar *vt* 'ya
no quiere convidarle surí
corazón *m* surá
corazón del pino ocó musurara
en el corazón surachí
tiene corazón suré
corcové *m* ocohuí (*chotacabra, pájaro*)
cordero *m* 'méchuri
cordillera *f* rabó
arriba en la cordillera ripata rabó
cornear *vt* sojuí
corona *f* 1. coyera
2. mocoyora (*con plumas*)
se pone la corona mocoyó
correa *f* acajihua
correcamino *m* pu (*pájaro*)
correr *vi* 1. 'ma (*sing.*), juma (*pl.*)
2. boriba (*el agua en una corriente*)
3. huarínaga 'ma (*recio*)
4. rohué (*las mujeres con aros*)
5. rarajipa (*con la bola*)
va corriendo 'mahuá
corretear *vi* jumta, mera (*animales*)
cortar 1. *vt* chi'huana
2. *vt* mité, ripuna (*con hacha*)
3. *vt* siquiré, siquirécohuachi (*con cuchillo*)
4. *vt* cojuana (*elotes, mazorcas*)
5. *vr* chi'huá, chihuí, ripú, siquirépari
al tiempo de cortarlo ripunárahuachi
corteza *f* huicori, icori
corto *adj* teri
cosa *f* namuti
cosa ajena si'nu níhuara
cosas notables cami namútari
cosechar *vt* 'huí, cayena
coser *vt* su
lo cose para uno suna
que cose súami
cosquillas *f*
hace cosquillas a otro quichica
costar *vi* natiguí
cuesta mucho hue natiguí
costilla *f* huachica
en las costillas huachícachi
costoso *adj* natéami
costumbre *f*
tenía costumbre de hacerlo o'oyóori (*sing.*), o'nogári (*pl.*
cotense *m* churubíchara, churubira, huisibura
coyote *m* basachí
piel de coyote basachí huichira
coyuntura *f* romírachi
crecer *vi* 1. ochera
2. banihuí (*mata larga y enredada*)
creer *vi* bichíi
cree que sí mayé
cresta *f*
cresta de gallo michoyá, torí michoyara
creyente *m, f* bichíyami
criar *vt* huera, ochébana
criatura *f* múchari
criticar *vt* sitira ané
crucifijo *m* rimério
cruel *adj* aparúami
crujir *vi* qui'raca (*los dientes*)
cruz *f* cursi
en la cruz cúrsichi
cruzar *vt* chopona (*las piernas*)
cuadrado *adj* a'nagú ne chópirigá sitóami
cuajar *vr* ro'roché
cuajo *m* cohuara, cojára
cuál *pron interr* ¿chuyiri?
cualquier *adj*
cualquier color o clase chubiyiri
cualquiera *pron* chuyíripi, mapuyíripi, chuhué biré
cuándo *adv interr* ¿cabú?, ¿churicó?, ¿quiríbuco?

cuando *adv* maparí
cuánto *adv interr* ¿chu quipu?, ¿quipu?
cuántas veces ¿quisabi?
cuanto *adv* mapu iquí
cuarenta *adj* nahuosa macoy
cuarta *f* huichihuera (*látigo*)
cuatro *adj* nahuosa
en cuatro partes nahuóana
entre cuatro nahuoca
cubrir 1. *vt* noporíbana, pora 2. *vr* napora (*la cara*)
cuchichear *vi* chirohua
cuchillo *m* ripiyá
cuello *m* cutá
en el cuello cutachí
cuerda *f* técara, téeque, raberi técura (*de violín*)
cuerno *m* ahuá
que tiene cuernos ahuéami
tiene cuernos ahué
cuero *m* 1. huichí 2. mocá (*curtido*)
cuero de chiva chibá huichira
cuero de vaca huáasi huichira
cuerpo *m*
en todo el cuerpo ichuromí
tiene cuerpo (*gordo*) sapé
cuervo *m* corachi (*pájaro*)
cuesta *f* 1. co'ná (*abajo*) 2. rihuí (*arriba*)
en cuesta abajo ri'rina
en cuesta arriba ri'huiná
por cuesta abajo co'nana
cueva *f* risó
en la cueva risochí
cuidado *m*
tiene cuidado gará 'né
cuidar *vt* 1. tibú 2. nisé 3. caruta (*un niño*)
culebra *f* sinohui
culpa *f*
tiene la culpa choquira ju
culpable *adj* choquira
cultivar *vt* ro'hué (*maíz*)
cumbre *f* cohuata
cumplir *vt* sebara, suní
cuñado *m, f* 1. muchímari (*menor*) 2. chi'é (*casada con el hermano mayor o la hermana mayor*) 3. huaca (*esposo de la hermana menor*)
cura *m* baré
curandero *m* 1. bajíami, óyami 2. rimério (*lleva un crucifijo*) 3. sipáami (*raspa una hueja con un palito y canta*)
curar *vt* 1. ohua, sa'huá, ori 2. sipáami (*con peyote*) 3. cumá (*con humo; p.ej.: gente, animales, siembra*)

CH

chamaco *m* tohuí (*sing.*), cúruhui (*pl.*)
chamuscar *vt* huichobé
chanate *m* chacá (*zanate*)
chancear *vi* carúsuhua ané
chapalear *vi* huipichá (*agua con la mano*)
chaparro *adj* pe téeri, sotóchi (*chico*)
chapulín *m* corochi
charco *m* biréana huabé rocóhuachi
charlar *vi* carúsuhua ané
chico *adj* táa, ta (*sing.*), cúuchi, cuchi (*pl.*)
más chiquito tabé
lo hace más chico tabéarata
chicotear *vt* huipisó
chiflar *vi* huicuhua
chile *m* 1. corí 2. ibócari (*colorado, grande, seco*) 3. síbori (*piquín*)
chilicote *m* caposí (*árbol, tiene semillas rojas que se piensa son venenosas*)

chiltipiquín *m* síbari
chillar *vi* nacú
chimenea *f*
  en la chimenea napichi
chirriar *vi* hue chané
chispa *f*
  echar chispas chi'ná
  lo hace echar chispas chi'rina
  está echando chispas chi'riní
chistoso *adj* michátari
chiva *m, f* chibá
chivato *m, f* muruchi
chocar *vi* motaba
cholubo *m* churé (*coatí; esp:* **choluga**)
chorro *m*
  donde sale un chorro huisuchi
  salir un chorro huisú
chuchupate *m* huasía (*una hierba*)
chueco *adj* chicónami, huacocha (*grueso en partes*), bi'líami
chulo *adj* ba'yóami
chupamirto *m* simuchí, sumuchí
chupar *vt* chu'má, chunú, uchú, chunugá bají, chunurú (*una vez*)

D

dar 1. *vt* nijá, 'ya
  2. *vi* raqué (*semilla, fruta*)
  3. *vi* cu'rí (*vueltas*)
  4. *vi* cu'runí (*vueltas solo*)
  dando ayá
  dar a luz nahuara
dar vuelta 1. noreba (*sing.*), ro'huí (*pl.*), cu'lina
  2. lohué (*al aire con alguna cosa o con un mecate*)
  3. cu ro'mina (*da la vuelta*)
  4. bi'riná (*a alguna cosa*)
de *prep* 1. jonsa
  2. ocuá (*desde*)
  3. níhuara (*posesión*)

debajo *adv* ri'ré pachá
deber *vt* huiqué
decalitro *m* alimuri
decir *vt* ané, aní
  así dice echaní
  comenzaron a decir nocuíchane
  dice esto jeaní
  fue dicho anérati
  le dice esto jeané
  le fue dicho anérami
  le había dicho que le iba a dar nijímoruri
  qué quiere decir ¿chu anihuáami ju?
  en el tiempo en que se dice aniríhuachi
dedo *m* macúsuhua
dejar *vt* arihué
delante *adv* bacháami
delgado *adj* que 'me sapéami
demás *adj* simírami
demorar *vi* pe téeri ripí
dentro *adv* pachana
derecho 1. *adj* huatoná (*lado derecho, mano derecha*), otoná, huachínami
  2. *adv* huachíami (*recto*)
derramar 1. *vt* cu'luhua, ro'huá (*un líquido*)
  2. *vr* ra'lá, ronohuisa
derretir 1. *vt* basuná
  2. *vr* basú
derribar 1. *vt* cajuina (*trinchera*)
  2. *vr* bu'huiba (*una persona*)
  3. *vr* cajuí (*una trinchera*)
derrumbar *vt* huatayé (*tierra, cerro*)
desabrido *adj* poyaca (*como maíz podrido*)
desamarrar *vt* botana
desangrar *vr* lena
desaparecer *vi* 1. aquibi (*sing.*), mo'huibi (*pl.*)
  2. nehuiquí (*negativo*)
  3. cahuí (*las nubes*)
  4. bocohuí (*voltearse al otro lado*)
  desapareciéndose que 'ne iquigá

se despareció norohuiri
desatar *vt* botana, botonama
se desató botá
desbaratar *vt* cara chaquena a'huasá
descabezar *vt* mo'orépana, mo'oré
descansar *vi* isaba
hacer descansar isábata
tiempo de descansar isábahuachi
descender *vi* riquina (*sing.*), tiguina (*pl.*)
descomponer 1. *vt* nosobú
2. *vr* nosohuí
lugar en que se descompone nosohuírachi
quiere descomponer nosohuínari
descornar *vt* aré
descoyuntar *vt* mitó
descubrir *vt* machira, ru
desde *prep* jonsa
desde abajo tucua
desde ahora jipi jonsa
desde aquí jena'í jonsa
desde que maparí jonsa
desde entonces echarí jonsa
desear *vt* naquí, corú (*mucho*)
desean sentarse muchínara
desenredar *vt* cu botana
desgajar *vt* capona
desgastar *vt* rijata (*tierra por las lluvias*)
desgranar *vt* 1. ajó, orá (*maíz*)
2. muní huipisó (*frijol*)
no desgranado co'néami (*el maíz*)
desherbar *vt* 1. napihua (*con el azadón*)
2. napó (*con la mano*)
deshojar *vt* bichinaol
deslumbrar *vt* rasó
desmayar *vr* mi'ró, umugusa
desmenuzado *adj* mosítami
desmenuzar *vt* mosí (*entre los manos*)
desmoronar *vt* cara mojuana
desnudar *vr* sapepa, machí sapepa
desnudo *adj* machí sapéami
desobedecer *vt* que nijehua
desobediente *adj* rasíami
desparramar *vt* chijana, chijá
despedazar *vt* rojuana
despedir *vr* ripora
despeinado *adj* sopota, chiná
despellejar *vt* bisú
desperdiciar *vt* ri'icha
despertar 1. *vt* busurébana
2. *vi* busá
despintar *vr* rosobocha
desplumar *vt* bo'obú
despreciar 1. *vt* cahuera
2. *vr* naquichí
después *adv* huaminana, huaminánomí, huiribeco
después de lo acontecido quinana
mucho después hui'rique
poco después minana
despuntar *vt* chupabú
destapar *vt* porapa
destruir *vt* suhuaba
detener *vt* huiraba
detrás *adv* cuhuana
día *m* rahué
algún día siné cáachi
algunos días isina rahué
al siguiente día ba'arínara
día de fiesta omohuárahuachi
el día anterior pagónara
el otro día chabé
en el día rahuéhuachi
hace buen día gará rahuehua
hace el día rahuehua
hace un día chi'ré
hoy día jipi rahué
qué día ¿churicó?, ¿churicó rahué?
todos los días churibi rahué, sinibí rahué
un día siné rahué
diarrea *f*
tiene diarrea huitabú
diente *m* ramé
en el diente ramichí
tiene dientes ramehui
diez *adj* macoy
diferente *adj* si'nú (*sing.*), isena (*pl.*)

difícil *adj* 'nate, nóchari
  está difícil omée
difunto *m* mucúami
dilatar *vr* ariché, si
diluir *vt* basú
dinero *m* huenomí, huinomí
  tiene dinero huenomihua
Dios *m* Riosi
  Dios Padre Onorúami
discípulo *m* binéami
disculpar *vt* cu huicahua
discutir *vt* gará ra'icha
disparar *vt* ra'néchané (*rifle*)
dispensar *vt* cu huicahua
dispersar *vt* cu buyana (*pl.*)
distinguir *vt* gará ritihuá
distinto *adj* si'nú (*sing.*), isena (*pl.*)
distribuir *vt* nachuta
divisar *vt* gará 'né
doblar 1. *vt* romina
  2. *vr* mitó (*la pierna al andar*)
  3. *vr* chopota (*un mecate por estar muy torcido*)
  4. *vr* choyátari
doce *adj* macoy miná ocuá
doctor, médico *m* ónami
doler *vi* ocó
dolor *m*
  tiene dolor ocorá
dolorido *adj*
  siente el cuerpo dolorido churomí ocó
dominar *vt* gará omero
domingo *m* oméachi
donar *vt* cónahua
dónde 1. *adv interr* ¿cumi?
  2. *adv* mapo'ná
dondequiera *adv* canápuromí
  en dondequiera chuhué biréanomí
dormir *vi* cochí (*sing.*), ocochi (*pl.*)
  le hace dormir cochírata
  quiere dormir cochinari
dos *adj* ocuá
  de dos en dos ocuá cá
  dos reales ocuá huenomí
  en dos partes oconá
  entre dos ocuánica, ocuaca
  entre los dos nahuena
dueño *m*
  dueño del caballo cahué buquéami
dulce *adj* acáami
  está dulce o sabroso acá
durar *vi* rojorá (*ropa*)
duro *adj* 1. bihuárami
  2. 'huarami (*no se puede doblar*)
  está duro bihuá
  lo hace duro bihuara

E

echar 1. *vt* pa, pasá, ri'ré ricaba
  2. *vt* ba'huirá (*más agua a un líquido*)
  3. *vt* ro'huá (*cosas largas*)
  4. *vt* nosobú (*a perder*)
  5. *vt* apé (*a la espalda*)
  6. *vt* a'huá (*dentro, afuera*)
  7. *vr* bitiba (*animales*)
  8. *vr* ri'icha (*a perder*)
  9. *vr* bitira (*de un lado al otro*)
  10. *vr* bu'huiba (*sing.*), bitiba (*pl. animal*)
  echa a correr jumta
  echado pátami
  echó fuera del corral huajónari
ejote *m* siparí
  salen ejotes siparita
él, ella *pron* binoy
elástico *adj* huatóami
elegir *vt* chapí, huirá
elevar *vt* mubú
elote *m* pachí
  elote tostado pachí cusítami
ellos, ellas *pron* aboni
emblanquecer *vt* rosánata
emborrachar 1. *vt* rucuta
  2. *vr* ricú

emborrachó ricúmtari
que emborracha ricúcohuami
embotar *vt* acá
empachado *adj* sijabó (*del estómago*)
empalmado *m* osánamótami (*segundo piso de una casa*)
emparejar *vt* ri'nará
empezar *vt* 1. chota
2. huiríbari (*a llover*)
emplear *vt* nochárata
empollar *vt* 1. napota
2. napú (*huevo*)
emprender *vt* chota
empujar *vt* 1. raquibú
2. nitapa (*bueyes*)
enagua *f* sipucha
se ponen enaguas sipú
se quita enaguas sipupa
encanecer *vi* motosera
encarcelar *vt* pachá bachara
encarrujado *adj* camíami
encarrujar *vt* camí
encender *vt* rajé (*ocote para alumbrar*)
encerrar *vt* 1. 'yera
2. mo'huá (*animales o presos*)
encima *adv* 1. moba, ripá moba
uno encima del otro anamótami
poner uno encima del otro a'namótana
encino *m* 1. rojuá (*de todos tipos*)
2. sipura, sipúrahua (*hoja pequeña*)
3. rocoró (*hoja grande*)
bellotas que crecen en los encinos rojuá mochogóhuara
entre los encinos rojuárari
hay encinos rojué
hojas de encino rojuá sahuara
encinta *adj* ropéami, bocháami
enclocar *vi* napota
encoger 1. *vt* coyana, choyátari
2. *vr* choyá, táa nira
encomendar *vt* tibútana
encontrar *vt* natepa
encorvado *adj*
está encorvado huacocha

enchilar *vt* cobá, cobata
enchuecar *vt* nacórata
enderezar 1. *vt* huachina
2. *vr* huachí
endurecer 1. *vt* bihuachébana
2. *vr* bihuara
enemigo *m* sayé (*sing.*), asayé (*pl.*)
se hacen enemigos nasayera
enfermar *vi* 1. nayú, nayuta, nayuna (*sing.*), nayuca (*pl.*)
2. imasehua (*por tener hinchado el bazo*)
3. buchuhuí ratáraga nayuri (*con mucha calentura*)
4. buyana (*de viruela*)
enfermarse (*salir granos*) chana
enfermedad *f* nayurí
enfermedad venérea bacarí
enfermo *adj* nayúami
enflaquecer *vi* saparusa
enfrente *adv* bachá
enfrente de bacháami
enfriar 1. *vt* roroáchana (*echando agua*)
2. *vt* rorobá, sipichá (*lo que estaba en la lumbre*)
3. *vr* sipí (*comida, agua*)
4. *vr* hua'ché (*una persona*)
engañar *vt* 'yeca
engañoso *adj* 'yécami
engendrar *vt* huicabé cúchari
engordar 1. *vt* saparábana
2. *vt* hui'ibóchana (*marrano*)
3. *vi* sapará
enhebrar *vt* huichárari uchá
enjambre *m* colimena
enlazar *vt* o'huí (*un animal*)
enlodar *vt* huisoguéra
enloquecer *vi* que nehuarite nira
ennegrecer 1. *vt* chona, chobátana
2. *vr* morisóbana (*por el hollín*)
3. *vr* ramú (*por un golpe*)
enojado *adj*
está enojado onó
enojar 1. *vt* na'áhuata

2. *vr* yo, yora (*sing.*), na'ahua (*pl.*)
enorme *adj* huarubé
enraizar *vi* nahuará
enramada *f* látami, otohuéami
hace enramada la
enredar 1. *vt* i'huí
2. *vr* i'huita
enrojecer *vr* sitana
enrollado *adj* rominárami
enrollar *vt* 1. cabí, romina
2. cabó (*en una bola*)
enseñar *vt* binera
que enseña binériami
ensordecer *vi* que námiami níra
ensuciar 1. *vr* chorohuera
2. *vt* satérama (*con arena*)
entarimar *vt* jubé, ri'nará
entarimado jubétami
entender *vt* 1. gará machí
2. inami (*español*)
entero *adj* amarúami
está entero amarú
enterrar *vt* chu'huiró, to
entonar *vt* nahuají (*himnos*)
entonces *adv* arí, ari biché, echarí
desde entonces echarí jonsa
entrar *vi* baquí (*sing.*), mo'huí (*pl.*)
entren Uds. ¡mo'huisí!
entregar *vt* nijá, nijí
entretanto mapuyénasí
entretejer *vt* rochíbana
entristecer 1. *vt* o'monata
2. *vr* o'mona
entumecer *vr* chochora (*pie, brazo*)
entumido *adj* rabótami
enturbiar *vt* huicuba, huicuhua
envejecer *vi* 1. huirara (*mujer*)
2. ochera (*hombre*)
envenenar *vt* chahué
enviar *vt* jurá
envidia *f*
tiene envidia corú
envidioso *adj* corúcami
enviudar *vi* 1. upima (*hombre*)
2. cunama (*la mujer*)
envolver *vt* 1. cabítana
2. racó (*en un trapo*)
epiléptico *adj* mugúsuhuami
equivocar *vr* que nehuará
me equivoqué nehuarábanari
eructar *vi* rirú, bosasa riruta
escama *f* rochí cajera (*de pez*)
escapar *vr* ni'yusa, huaminá 'masa (*sing.*), huaminá jumsa (*pl.*)
escarbar *vt* jora (*un hoyo*)
escardar *vt* 1. napihua
2. cuhuempa (*antes de la lluvia*)
escarpado *adj* ripá huiríami
escarpadura *f* cohuata
escoba *f* pichira
escoger *vt* chapí
esconder 1. *vt* chinasa, nasó
2. *vr* ichipa
anda escondido chiná iyena
escribir 1. *vt* osé
2. *vr* osá
escuchar *vt* quipú
escupir *vt* cachí, cachipa
ése *pron dem* echi
ese *adj dem* échico
esférico *adj* capórami (*sing.*), cabórami (*pl.*)
es esférico capora (*sing.*), cabora (*pl.*)
hace esférico capórahua
éso, ésos *pron dem* echi (*sing.*), echi jaré (*pl.*)
esófago *m* hua'ícari
espalda *f* ripopa
en la espalda ripópachi
espantajo, espantapájaros *m* biré tibútari (*para guardar la siembra*)
espantar 1. *vt* majajara, majajárata
2. *vr* majajá
espanto *m* 1. chu'huí
2. sopétami (*se cree que un muerto sale como animal*)
espantoso *adj* majajáriami
español *m* orí
esparcir *vt* ra'lana
espejo *m* sipée

esperar *vt* buhué
está esperando buhuigá
espérense *imper pl* ¡buhuesi!
espesar *vt* curú
espeso *adj* culúami
espiga *f* 1. murá
2. pachí murará (*de maíz*)
en la espiga murarachi
espigar *vi* muré (*la mata de maíz*)
espina *f* so'uhuá (*sing.*), so'huá (*pl.*)
espina dorsal binoy úcara
tiene espinas la oruga rajihuá
espinar *vt* so'huira, so'huí
espinazo *m* úca, úcari
espinilla *f* cu'huíichi
en mi espinilla nijé cu'huíicharachi
espíritu *m* chu'huí, ihuigá
da espíritu ihuita
espíritus de los antepasados a'nayáhuari (*pl.*)
esposa *f* upí (*sing.*), jubí (*pl.*)
tiene esposa upé (*sing.*), jubé (*varios hombres*)
esposo *m* cuná
tiene esposo cuné
espuma *f*
quita la espuma ronibú
tiene espuma ronohué
espumar *vi* ronena
esquiate *f* co'orí (*maíz tostado, molido en agua*)
hace esquiate co'orá
esquina *f* sitó
en la esquina sitochi
le hace la esquina sitora
esquite *m* saquí
esta *adj dem* je'ná
ésta *pron dem* na, nari
estar *vi* 1. ju, juco, jupá
2. atí (*sing.*), muchuhui (*pl.*; *sentado*)
están ju, juco, jupá
estará(n) níima
estaremos (*sentado*) muchibo
este *adj dem* je'ná
éste *pron dem* na, nari

estéril *adj* que ranáami
estiércol *m* huitá
estiércol de chiva chibá huitara
estiércol de vaca huáasi huitara
estirar 1. *vt* huatoná
2. *vr* huató
esto *pron dem* je'ná
estómago *m* ropá
en mi estómago nijé ropárachi
tiene estómago ropé (*panza*)
estorbar *vt* cumé
hace estorbo nicumé
que anda estorbando nicuméami
estornudar *vt* atisi
estrangular *vt* 1. cusébana
2. camina (*con las manos*)
estrecho *adj* uchíi
lugar estrecho tabachi
muy estrecho uchíibi
estrella *f* soporí
estuche *m* 1. huichibáchara (*de cuero para rifle o cuchillo*)
2. maleta (*para rifle*)
estudiar *vt* biné
examinar *vt* gará 'nena
excremento *m* huitá
explicar *vt* gará ruyé, ireta
exprimir *vt* bi'rina
extender 1. *vt* pera, ra'lana
2. *vt* pe (*para dormir*)
3. *vt* te (*hilos para tejer*)
4. *vt* 'machó (*manos extendidas en alguna cosa*)
5. *vr* ra'rá
extenso *adj* hui'rí (*medida y tiempo*)
muy extenso hui'ribé
extinguir 1. *vt* cho'huá
2. *vr* cho'huí
extraer *vt* machí pa
extraño *adj* si'nú (*sing.*), isena (*pl.*)
extraordinario *adj* cami
extraviar *vt* huiquiá

F

fácil *adj* que oméami, quetasi 'nati
faisán *m* pu'
faja *f* pura
falsear *vi* miteba, muteba (*el tobillo*)
falta *f* tasi te
  falta de algo nehuaréami
  hace falta que 'ne, nehuaré
fallecer *vi* mucú (*sing.*), suhuí (*pl.*)
fama *f*
  tiene fama machirúami ju
fantasma *m* chu'huí
fe *f*
  dar fe nírata, bichíirata
feo *adj* chá, sití, chati
  está feo (*un lugar*) charé
feroz *adj* aparúami (*sing.*), jobátami (*pl.*)
fertilizar *vt* huitara (*con estiércol*)
fiar *vt* tanehua
fibra *f* rasuguí (*de maguey*)
fiebre *f* ínuhua (*paludismo*)
fierro *m* 1. jiero
  2. bilini (*de lumbre*)
fiesta *f* omáhuari
  hacen fiesta omahua
  día de fiesta omohuárahuachi
filo *m*
  tiene filo orá
fin *m*
  al fin jubáami
finalmente *adv* jubáami
fino *adj* garabé
firme *adj* jihuérami
flaco *adj* que sapéami
flauta *f* cusera
  toca la flauta cusé
flecha *f* hua, ohuá
  tirar flecha o balazo umú (*sing.*), mujubú (*pl.*)
flexible *adj* romíami
flojera *f*
  tiene flojera nasina, nasinácuri
flor *f* 1. sihuáchari
  2. cohuí (*de un encino*)
  3. bachí sihuará (*de calabaza*)
florecer *vi* sehuá, sihuá
flotar *vi* canajeca simí
formar *vi* nahuisura (*en fila*)
fortalecer *vt* jihuérata
fragante *adj* hue gará júcami, su'hueti júcami
frente *f* cohuara, corá
  frente arrugada cochuárachi si'rúami
frecuentemente *adv* huisabé
fresco *adj* 1. ruráami (*temperatura*)
  2. bucuríhuami (*nuevo*)
fresno *m* uré
frijol *m* 1. muní
  2. ricómari (*grande, colorado*)
frío *adj* ruráami
  hace frío rurahuá
  tengo frío rurámini
frotar *vt* uché
fuera *adv*
  fuera de sí que nehuarite
fuerte *adj* 1. jihuéami, ihuérami (*de cuerpo*)
  2. o'huari (*ruidoso*)
  3. huataca, huatácami (*duro y flexible*)
  está fuerte *vi* huataca
  fuerte *imper* ¡huériga!
  lo hace fuerte jihuérata
fuerza *f*
  con fuerza huérari
  tiene fuerza jihuero
fugarse *vr* 'másari (*el preso*)
fumador *m* pihuácami
fumar *vi* pehua
futuro *adj* huaminánomí

G

gallina *f* torí muquira
gallo *m* torí ohuira

ganar 1. *vi* ni'yura, mitá (*en el juego o carrera*)
2. *vt* me (*sueldo*)
si gana mésagá
garganta *f* cutá
garrapata *f* machá
garza *f* huachó
gastado *adj* luhuíami
gastar *vt* 1. ba'nésara (*la cobija*)
2. luhuí, luhuá (*la ropa*)
gatear *vi* chucugá iyena
gato *m* míisi
gato de algalia píchuri (*zorrillo*)
gato montés ruchí
gavilán *m* 1. siquiríchi (*amarillo, pequeño*)
2. cusá (*blanco*)
3. rahuihui (*negro*)
gemelo *m* 'marachi
gemir *vi* 1. ri'í, ri'íchani
2. nacú, orihua (*perro*)
gente *f* pagótami, rarámuri
toda la gente si'néami
germinar *vi* a'huí (*semilla*)
gigante *adj* huarubé
gloria *f*
en la gloria rihuigachi
gobernador *m* siríami
ante el gobernador bacháami echi siríami yuhua
golondrina *f* so'hué
golpear 1. *vt* cho'ná, chuhuá (*con alguna cosa*)
2. *vt* achapa (*ropa, cobijas sobre la roca o con un palo para quitar el agua*)
3. *vr* chihuí
gordo *adj* sapéami, sabéami
está gordo sapé
gorgojo *m* 1. coséhuari (*se come la lana de las cobijas*)
2. cunú (*de madera*)
3. nohuí (*de tierra*)
gotear *vi* pachú
gozar *vi* canira

gracias *f* natérarabá
dar gracias natétara aní
grajea *f* rijísari (*cellisca*)
cae grajea rijisa
grande 1. *adj* huarú (*sing.*), o'huari (*pl.*)
2. *m* huarura (*sing.*), o'huéara (*pl.*)
más grande o'huéarapara (*cosas, niños*)
tan grande churú
granizo *m* rijé
grano *m* chánahuara (*forma posesiva*)
tiene granos chá, cháa
salir granos chana (*enfermarse*)
granujoso *adj* chánami
gratis *adv* que bire naparíhuami, quetasi natétahuami
grillo *m* ricuchuri
gris *adj* rosábachami (*como una camisa despintada*)
gritar *vi* 1. siná (*sing.*), sinaca (*pl.*)
2. cusú (*animal*)
cuando gritan cusúhuachi (*animales*)
grueso *adj* ru'náami
está grueso ru'ná
grumo *m*
que tiene grumos el atole pamótami ju
gruñir *vi* 1. roró
2. cochí yóchani (*perro*)
guacamayo *m* cánari
guajolote *m* chihuí
guano *m* sopichí huitara (*de murciélago*)
guardar *vt* catehua, nuté, tibuta
guiar *vt* bayeba, yura
gusano *m* 1. cuchíhuari (*de la carne*)
2. mutébari (*del elote*)
gustar *vt* 1. ra'ihuá (*comida*)
2. ba'yori (*una cosa*)
gusto *m*
con mucho gusto caníriga
me dio gusto canírini
tiene gusto canira

H

habitación *f* bitichí
habitación de ellos aboni pirérachi
habitar *vt* bité (*sing.*), piré (*pl.*)
habla *f* chané (*mal*)
hablador *m* ra'íchami
es muy hablador ne'ogué
hablar *vi* 1. ra'icha
2. nahuesa, nahuisá (*habla en público*)
3. chirohua (*en voz baja*)
4. ne'ogué (*malas cosas*)
5. hue ihuéami ra'icha (*recio*)
durante el tiempo de hablar ra'icháchanachi
habla con palabras bonitas y suaves su'huérigá ra'icha
hacer *vt* 1. orá, si, nihuá (*sing.*), nihuaríhua (*pl.*)
2. nihuíi (*alguna cosa*)
así hace echorá
hace muchísimo qui'yá, quiyá
haciéndose rico níhuata
lo hace así orí
los que hacen síami
no le hace que chi'ré
que hace mal comoquiera chibisíami
recién hecho bucurí nihuárami
tiene mucho que hacer hue nihua nóchari
hacia *prep*
hacia allá echo'ná
hacha *f* ripurá
mango de hacha ripurá cusirá
hallar *vt* rihuá
hambre *f* 'lóhuari
tiene hambre 'loché, 'lohua
tiene demasiada hambre o sed huiputa
hartar *vt* bosá (*sing.*), posá (*pl.*)
hasta *adv* piché
hasta luego térico piché
hasta que iyénasí, mapuyénasí

hay *v impers* nirú (*en existencia*)
no hay de qué chirihuéraba
hechicero *m* 1. sucurúami
2. sapáami (*que raspa una hueja con un palito y canta*)
hechizar *vt* sipabú, sucurú
helar *vt* ritú
helecho *m* mochocuá
hembra *f* muquira
herencia *f* cahuí pátami (*de terrenos*)
herir *vt* chihuá, chihuí
hermana mayor *f* cochí, cochirúami, huasamóchahua (*de mi mamá*)
hermana menor *f* biní (*de mujer*)
tiene hermana menor huayé
hermano *m* rijimá (*sing.*), ritémahua (*pl.*)
hermanos y primos hermanos najirémami
tiene hermanos rijimé
son hermanos najirema
hermano mayor *m* bachí
tiene hermano mayor bachéi
hermano menor *m* boní, bonirúami
hermoso *adj* ba'yóami, simati
herradura *f* cahué acará
herrar *vt* acara
hervir *vi* basú, roné, ronó
hierve mucho ronohuisa (*está tirándose*)
hierba *f* 1. riyahui (*de toda clase*)
2. casará (*del campo*)
crecen muchas hierbas riyáhuata
entre las hierbas riyáhuachi
hierro *m* jiyero
hígado *m* amá, imá
tiene hígado amaré
higo *m* chuná racara
higuera *f* chuná
en la higuera chunárari
hija *f* 1. quirá (*de una mujer*)
2. mará (*habla del padre*)
hija grande que (*dice la madre*)
que tenía hijas el hombre maréari
tiene hija el padre maré
hijo *m* 1. raná (*sing.*), cúchara (*pl.*)

2. no (*en relación al padre*)
tiene hijo rané (*sing.*), cúchuhua, jínohua (*pl.*)
que tiene hijos ranéami (*sing.*), tanéami (*pl.*)
tiene un hijo (*el hombre*) nohua, nóhuami
hilo *m* curícari (*de lana*)
hacer hilo de lana bo'osari bi'rina
hincar *vr* chocoba
hinchado *adj* 1. capótami
2. bajácami, bajíbachami (*el cuerpo por desnutrición*)
hinchar *vr* 1. bajina
2. bacamú (*con pus*)
3. banachí ca'móchari (*mejilla*)
4. sijabó (*el nixtamal*)
5. ca'mocha (*la cara*)
6. capota (*la tortilla*)
hipo *m*
tiene hipo ochera aní
hocico *m* 1. cho'ó
2. cahué cho'orá (*del caballo*)
hogar *m*
hogar del hombre rijoy bitérachi
hoja *f* 1. sahuá
2. bacahuá (*de mazorca*)
3. rocoró (*grandes de encino*)
tiene hojas sahué
que tiene muchas hojas sahuéami
se caen las hojas sahuarusa
hojarasca *f* ocósuhui (*de pino*)
hola *interj* ¡cuira!
hollín *m* morisó
se pone negro de hollín morisóbana
hombre *m* rijoy
hombro *m* mató, matóchahua
en el hombro matochi
llevar en hombros matora
homicida *f* nacóhuami
honda *f* sojobari
hondo *adj* rocóami
donde está hondo rocóhuachi
está hondo rocó
hongo *m* 1. huicohuí
2. si'richá (*venenoso*)
hora *f*
a qué hora ¿chu yena?
horcón *m* toni
hormiga *f* sicuí, sucuí
se llena de hormigas sucuhua
hoy *adv* abé, jipi
hoy día jipi rahué
hoy temprano bi'yábijí
hoyo *m* jochi
escarbar hoyo jora
en el hoyo jótachi
hacer hoyo jo
hacer un hoyito redondo ricomta, ricoma
hecho hoyo jótami
huarache *m* acá
se pone huaraches acará
se quita huaraches acarapu
tiene huaraches aqué
huari grande *f* huatobé (*canasta*)
hueco *adj* opoátami
hecho hueco rocomítarami
hacer hueco micó
hueja *f* 1. labá (*jícara redonda*)
2. lochi (*jícara alargada especial para sacar agua*)
hacer huejas labata
huellas *f* oré
seguir las huellas jiyé
huérfano *m* ba'raguéchuri
hueso *m* 1. ochí
2. romírahuara (*de la muñeca*)
3. ranícara (*del tobillo*)
hueso de gallina torí ochirá
parte gruesa del hueso que fue roto bachagóachi
tiene huesos ochéi
huevo *m* ca'huara
poner huevos ca'huá
huevos de gallina torí ca'huara
huir *vi* 'masa, 'masi (*sing.*), jumsa (*pl.*)
humear *vi* moré
humedecer *vt* chirihué, sa'mina w
húmedo *adj* sa'míami

está húmedo sa'mí
humo *m* morí
estaba haciendo humo moroyé
hay humo bimoré, moró
hundir 1. *vt* botobú
2. *vr* botuhuí, butuhuí

I

idioma *m* ra'ichárami
iglesia *f* ri'obá
en la iglesia ri'obachi
ignorante *adj* tarapé machíami
igual *adj* néchigo, a'nahuí, achó (*pl.*)
es igual achigó yiri ju
son iguales chopi a yiri ju, a'nahuí ju
igualar *vt* anara
iluminar *vt* rajé
importar *vt* chiré
no importa que chireco
incapaz *adj*
es incapaz quetasi omero
incienso *m* moruhuá
donde se quema incienso morérachi
inclinado *adj* ri'nahuícami (*de espaldas*)
inclinar 1. *vt* bunahua
2. *vt* yora (*la cabeza*)
3. *vr* buná
incrédulo *adj* quetasi bichíyami
indígena *f* si'nu rarámuri (*de otro grupo*)
infante *m* táa múchari, táa (*sing.*), cúuchi (*pl.*)
infectar *vt* bacamú (*una llaga*)
inflado *adj* capótami
inflar 1. *vt* capona
2. *vr* capota, capó
informar *vt* ruyé
inmediatamente *adv* hue ya, hue yáati, yáati
inmenso *adj* huarubé
inocente *adj* quetasi choquéami ju
instruir *vt* binera
insultar *vt* sitira ané
inteligente *adj* 'nátami
interpretar *vt* rarámuri niráa uchucha
intérprete *común* rúsiami
interrogar *vt* rucugá
intestino *m* sihuá
inundar *vt* noporí
invierno *m* romó
comienza el invierno romosa
invitar *vt* ohuí, yera, nijohua, bayera
inyectar *vt* iché
ir *vi* iná, simí (*sing.*), simá (*pl.*)
no quiere dejarle ir surí
quiere ir simea orari, simináari (*pl.*)
va a pie huichíarigá simí
vamos *imper* ¡mabá!
vaya *imper* simigá
yendo sira
ir cuesta abajo riquina
querían irse simináari
izquierdo *adj* o'huina

J

jactancioso *adj* níriami
jalar *vt* banisú
jamás *adv* que siné
jarro *m* sicorí
jefe *m* huarura (*sing.*), o'huéara (*pl.*)
hacen jefe huarubérata
jefe supremo huarubera
jorobado *adj* ropóchami
joven *m* ri'marí (*sing.*), témari (*pl.*)
jugador *s* ri'iquéami
jugar *vt, vi* ri'é (*sing.*), ri'yeca, ri'eca (*pl.*)
juega con alguna cosa ri'echa
juega tirando los palos jubá
jugaban itiyeri
juegan cuatro, juegan teja rijibá
jugo *m* ba'huira

jugo de fruta huasí ba'huira
juntar 1. *vt* napabú
2. *vr* napahuí, napé
los que se van juntando napahuísiami
lugar donde se juntan napahuícahuachi
juntamos a'nabáa
junto *adj* napéa, napahuícami
están juntos nachú
poner juntos nachucha
jurar *vt* bichíhuaga ané
justicia *f*
hace justicia custícia orá
justo *adj* huachínaga oráami

L

labio *m* chumí
tiene labios chumé
labrado *adj* michítami
labrar *vt* michí (*con hacha*)
ladear 1. *vi* o'rí (*un pino o un poste*)
2. *vt* bunahua, o'rina
lado *m*
a un lado del camino chaquena
al otro lado corina, cuhuana
de un lado 'naca (*lejos*)
el otro lado del cerro corí, corí cuhuana
lado derecho huatoná
por el otro lado corina
por este lado jami
por los dos lados a'nagú
se echa de un lado al otro bitíra
ladrar *vi* nicá
ladrón *adj, s* chigórami
lagartija *f* 1. rochá (*negra*)
2. rojorócuhui (*pinta*)
lagarto *m* jócari (*cornudo*)
lágrima *f* ucuá
salen lágrimas ucuena

laja *f* rapé
en la laja pisachi, ripisachi, rapirúachi, rapichí
hay laja rapirá, rapirú
que tiene laja rapirátachi, rapirúami
lama *f* banagá
hay lama banagué
lamer *vt* cha'mí
lana *f* bo'osari
carda la lana bo'osari rajana
hilo de lana curícari
hacer hilo de lana bo'osari bi'rina
lana de borrego bo'huá bo'huara
tiene lana bo'hué
una bola de lana bo'osari cabori (*para hacer cobijas*)
lanudo *adj* hue bo'huéami
lanza *f* sirá (*se lleva en la Semana Santa*)
largo *adj* hui'rí (*sing.*), i'hueri (*pl.*)
lástima *f*
tiene lástima natimá
lavar *vt* 1. pagó
2. pabaca (*trastes u otras cosas*)
3. huichó (*la ropa*)
4. soma (*la cabeza*)
5. basigó (*la cara*)
6. panica, panigo (*las manos*)
7. ronobaca (*los pies y las piernas*)
lazar *vt* o'huí, huíi, huiya
leche *f*
dar leche huisú, iná, chi'mu
leer *vt* oserí 'nena
sabe leer machí oserí 'néniya
legaña *f* socorá
tener legañas socoré
lejos *adv* huaná, micá
de lejos 'nabé, 'naca
más lejos usita
muy lejos micabé
qué tan lejos está *interr* ¿chu yena micabé ju?
lengua *f* cha'mérohua
leña *f* cu

trae leña qui'huí, cu ca'hui
león *m* mahuiyá
levantar 1. *vt* cayahui, cayena, ohuínta
2. *vt* mutú (*con los brazos*)
3. *vt* o'huicha (*costal de maíz, piedra grande*)
4. *vr* huirisa (*sing.*), jasa (*pl., de estar sentado*)
5. *vr* asisi (*sing.*), muchisa (*pl., de estar acostado*)
levantar la caja cajón cayahui
levantar una acta oserí osé
levántese *imper* ¡huirisi! (*sing.*), ¡jáasi! (*pl.*)
levantó huirásari
ley *f* nuraríhuami
liacho *m* muruca (*lío; una carga amarrada*)
hacer liacho murú
licencia *f* risensi
liebre *f* ruhué
liendre *f* huichí cahuara
tiene liendres ca'hué
lienzo *m* napori (*con que se hace el paño con que amarran el cabello*)
ligamento *m* 1. rahuá
2. rasícari (*de la rodilla*)
3. sicá rahuara (*de la mano*)
lugar de los ligamentos rahuasícachi
ligero *adj* a'huánami, huarínami
es muy ligero huarina
lijar *vt* sipá
limpiar *vt* 1. bi'huá, bi'huí
2. casuhua (*frijol o grano seco*)
3. cho'mabú (*la nariz*)
limpio *adj* bi'huíami
lindo *adj* ba'yóami
lío *m* muruca (*reg.: liacho; carga amarrada*)
hace un lío murú
lirio *m* racó (*colorado*)
liso *adj*
se hace liso ri'huá
listo *adj* carihuérami
listón *m* natépari (*para el cabello*)
lobo *m* naribochi, naríhuari, naríiri, nariyochi
loco *m, adj* que nehuarite
está loco lohuí (*que anda corriendo*)
se vuelve loco uchurisa
lodo *m* huisogá
hace lodo huisó
lograr *vt* seba
loma *f* ripata rabó
lombriz *f* sa'í (*de tierra*)
lomo *m* chacachi (*angosto y corto*)
lonche *m* nutugá (*merienda*)
hace lonche nutata
lucero *m* ri'risópari, ro'rosópari
luciérnaga *f* cupisi (*insecto*)
luchar *vi* 1. nijirapa (*sing.*), najarapa (*pl.*)
2. taba
luego *adv*
desde luego hue yáati
hasta luego térico piché
lugar *m* micabéana (*lejos*)
en lugar feo charicáachi
este lugar jena'í cahuírari
lugar donde hay hierba "basigó" basigochi
lugar donde le alcanza sebárachi
lugar donde ponen algo muchuhuárahuachi
lugar donde vive gente rijóhuachi
lugar cerca 1. narina (*en el mismo nivel*)
2. narírahui (*en el mismo nivel, escondido*)
lumbre *f* na'í
encender lumbre birichí (*con pedernal*)
en la lumbre napichi, na'írari
hace lumbre na'á
prende lumbre rajigá
luna *f* michá
hay luna miché
luz *f*
hay luz machí

Ll

llaga *f* cha
lleno de llagas chánami
llamar 1. *vt* bayé
2. *vt* oyera (*la atención cuando se está haciendo algo malo*)
3. *vr* rihué
está llamándole por nombre en su presencia rijiní
llano *m* 1. ipó
2. umirá (*último llano para abajo*)
hay llano iporo
llave *f* irápara
llegar *vi* 1. nahuá (*sing.*), si (*pl.*)
2. seba (*alcanzar, llega a ser*)
cuando llega el tiempo sébachi
donde llega ca'yé (*después de atravesar varios arroyos*)
llegamos siyete
llegándose sisa
llegaron siri
llegó de repente que sayiná cu nahuari
llenar 1. *vt* bosahua (*sing.*), posahua (*pl., persona*)
2. *vt* buchihua (*cosa*)
3. *vr* bosá (*sing.*), posá (*pl., persona*)
4. *vr* buchí
lleno *adj* buchíami
llevar *vt* 1. apera (*cosa en la espalda*)
2. banira (*jalando con mecate*)
3. bayeba, to (*guiar*)
4. ca, cami (*en la mano*)
5. carú, caruta (*un niño, en la espalda*)
6. cotúura (*donde hay pasto*)
7. chi'rirú (*en la punta de un palito*)
8. matora (*en los hombros*)
9. meta (*los animales*)
10. murú, muruta (*una carga en animales*)
11. mututa (*en los brazos*)
12. racó (*en un trapo*)
llevar preso burira
lleva por el agua u'lú
lleva de compañero en un viaje yura
llorar *vi* nará
llorón *m* naraquéami
es llorón huiquechi
llover *v impers* ucú
todavía llueve abijí ucú
lloviznar *v impers* romohua
lluvia *f* ucuí
llega el tiempo de lluvias barasa
tiempo de lluvias bará

M

macizo *adj* ihuérami
macho *adj* ohuira
machucar *vt* rasana, miteba, rasá
madera *f* cu
madera fofa seca cosari
madera fofa mojada sótari
madrastra *f* miyérati, chocóbara
madre *f* iyé, huiyé
madrina *f* baquirini
madroño *m* urúbasi (*árbol*)
madrugada *f* bi'yá chi'rásiachi
hoy temprano en la madrugada bi'yá rocogó
madurar *vt* hua
maduro *adj* huácami
maestro *m* binériami
maguey *m* 'me
flor de maguey barí sihuará
quiote de maguey me barirá
maíz *m* 1. sunú
2. sunú orirúami (*desgranado*)
3. sunú ichori (*azul*)

4. rosorí (*tipo blando*)
entre las matas de maíz ichírari
hay matas de maíz iché
matas de maíz ichí
maíz nacido para hacer tesgüino tócuhui
mal *adv* chati, chibi
mal de salud nayú
tiene mal olor chajubá
malacate *m* curi
maldad *f* chati oráami
maldecir *vt* sití ra'icha
malgastar *vt* ri'echa
malhechor *m* chati oráami, sitira oráami
maltratar *vt* sitira orá
malvado 1. *adj* aparúami
2. *m* sití oráami
mamá *f* iyé
la mamá de él binoy iyera
que tiene mamá iyéami
mamador *m* chi'íami
mamar *vt* chi'í
le da de mamar chi'ira
manantial *m* bajichi
manar *vi*
mana agua ba'huí machina
mandamiento *m* nuraríhuami
mandar *vt* 1. nuré, nurá (*a otro*)
2. jurá (*mensajero*)
el que manda a otro nuráami
manda un recado jura ruyénara
mandado jurárami
mandó júuri
mandó llevar alguna cosa náari
manear *vt* ronojípana, sutubí (*a un animal*)
manejar *vt* 1. gará machí asée (*caballo*)
2. gará machí cu'lina (*camión*)
manera *f*
de alguna manera chúbirigá
de esa manera echirigá
de esta manera jerigá
de la misma manera achigórigá
de ninguna manera que chirigá
de otra manera si'huinárigá
de qué manera ¿churigá?
mango *m* ripurá cusirá (*de hacha*)
poner mango al hacha cusera
mano *f* sicá
a mano sicá jiti
en la mano sicachí
mano derecha huatoná
mano izquierda o'huiná
manojo *m* bureri
manso *adj* que chibisíami, gará binéami (*un caballo*)
manta *f* chiní
pieza de manta chiní burirúami
manteca *f* hui'í
que tiene mucha manteca hui'íami
manzanilla *f* cu'huíchara, huíchari, i'huíchari (*planta*)
en la manzanilla i'huícharachi
mañana *adv* ba'arí
hasta mañana ba'arí piché
mañana temprano ba'arí bi'yá
por la mañana ba'arínara
pasado mañana huanihuí
mapache *m* batú
mar *f* huarú ba'huechi
orilla del mar huarú bahuechi suhué
maravillar *vr*
no se maravilla quetasi cha níraga 'nata, quetasi majaga 'nata
marcar *vt* osé (*con cal*)
marchante *m* norahua
marchitar 1. *vt* huarona, aró, huaró
marear *vr* 1. opesi
2. hue ricú (*como borracho*)
marido *m* cuná
tiene marido cuné (*sing.*), ucuné (*pl.*)
mariposa *f* nacarópari
marrano *m* cochi
marro *m* michora
martillar *vt* michona
más *adv* huamí
más allá minana
más allá en tiempo huaminánomí

más todavía huaminabi
masa *f* batusí
máscara *f* cho'obáchari
masticar *vt* quecha
mata *f* 1. ichí (*maíz*)
2. achagó (*espinosa, semejante a manzanilla; las chivas comen las ramitas*)
3. bacánuhui (*crece en las barrancas; se usa la raíz para curar cuando se está "fuera de si"*)
4. batagá (*crece en las barrancas; produce semillas que se usa para hacer soguillas*)
5. chimari (*parecido a la cebolla*)
6. chocóbari (*tiene flor bonita*)
7. cho'rí (*crece muy extendida, sirve como quelite*)
8. siré (*hojas angostas, crece en tierra caliente; se usa para hacer canastas o en Semana Santa para hacer flores para la fiesta*)
9. tútusi (*tiene una frutita*)
matado *adj* co'huirúami (*pl.*)
matar *vt* 1. mi'yá (*sing.*)
2. co'huí, co'yá (*pl., animales*)
fue matado mi'rírati
quiere matarlo mi'rínari
maullar *vi* nacú (*gato*)
mazo *m* michora
mazorca *f* pachí, sunú o'néami
me *pron* chí, tamí
mecapal *m* nacapari
mecate *m* huiya
hace mecate rochíbana
medianoche *f* nasipa rocogó
medicina *f* ohuáami
médico *m* óyami
medida *f* tétari
medida de una cuarta macari (*del dedo pulgar hasta el dedo mediano*)
medio *adj* nasipa
mediodía *m* rahuirí
medir *vt* teta (*por comparación*), anahui

médula *f* huacá
mejilla *f* baná
en la mejilla banachi
tiene mejillas bané
mejorar 1. *vt* a'lara, ca'rara, garara, garanta
2. *vi* garana
mellar *vt* huacana, huacá
memoria *f*
tiene buena memoria gará nehuará
menear *vt* 1. lohuá
2. mo'ora (*la cabeza*)
3. huasírahua (*la cola*)
menester *m*
es menester ariga 'huérari ju
menor *adj* 1. tabéara (*sing.*)
2. cúuchara (*pl.; como los puestos*)
lo hace menor tabéata
menospreciar *vt* cahuera, chijuna
mentar *vt* rijí (*el nombre de otro en su presencia*)
mentir *vi* 'yeca, icaré
mentiroso *adj* 'yécami
mes *m* michá
tiene mes miché
mesa *f* juberi
meseta *f*
en la meseta alta rayabó
mestizo 1. *m* chabochi
2. *adj* orí
metamorfosear *vt* najita
metate *m* matá
mano de metate matúsari
meter *vt* 1. pachá bachá (*sing.*), pachá mo'huá (*pl.*)
2. a'huá (*varias cosas*)
3. mo'hué (*el hilo al hacer una cobija*)
mezcal *m* me
mezclar *vt* 1. nasohua, nasó
2. loca (*el pinole en agua*)
mezclado con na'rohua
mézclalo *imper* inasohuá!
mí *pron* queni
a mí chí, tamí

por mí nijé jiti
mi *adj pos* queni, nijé níhuara
miedoso *adj* majáami
miedo *m*
tiene miedo majá, majaga, majahuá
miel de abeja *f* 1. amóo, amoque, corimena
2. colimena (*de colmena*)
mientras *adv* mapuyena, mapuyénasí
miércoles *m* nasípasigó
milpa *f* biréana ipó ichihuáami
en la milpa ichírari
mío, mía *adj pos* queni, nijé níhuara
mirar *vt* 'ne, ritú, 'neni
está mirando 'nena
mira *imper* ¡nibí!, ¡nibira! (*sing.*), 'ninasi (*pl.*)
mirando 'nagá, nigá
miserable *adj* risirúami
mismo *adj* chopirigá
mitad *f* nasipasí
moco *m* cho'má
tiene moco cho'mé
mocoso *adj* cho'méami
mocho *adj* sicamochi (*de una mano*)
modo *m*
de ese modo echorá
de otro modo aná, carú
de qué modo ¿churigá?
de todos modos arigá
moho *m* banagá
mojado *adj* sa'mí, sa'míami
en algún lugar mojado samichí
mojar 1. *vt* sa'mecha
2. *vr* sampá
moler *vt* 1. rusú
2. batú (*en metate*)
molestar *vt* cumé
molleja *f* ruyari
molleja de pollo torí ruyara
momento *m*
al momento hue yáati
mondar *vt* sipirú
moneda *f* huenomí
montar *vt* asé (*un animal*)
montando asigá
monte *m* cahuí
en el monte cahuichí
montón *m* 1. rité ripútami (*de piedras a un lado del camino*)
2. ripú (*de piedras y palos que echan a un lado del camino o en un puerto entre las montañas*)
morado *adj* chomítuami
morador *adj* bitéami (*sing.*), piréami (*pl.*)
morar *vi* bité (*sing.*), piré (*pl.*)
morder *vt* 1. iquí
2. qui'mó (*muchas veces*)
3. quisú (*quitar un pedazo*)
que te mordió piri mi iquiri
morir *vi* mucú (*sing.*), suhuí (*pl.*)
muere de frío 'aché
moro *m* moró (*los que llevan coronas con plumas en la Semana Santa*)
mosca *f* si'orí
mosquito *m* ajó
mostrar 1. *vt* machira, rihuira, 'nera
2. *vr* rihuí
mover 1. *vt* noqué
2. *vt* cho'ohué (*hocico*)
3. *vt* sicara (*brazos*)
4. *vi* nocohué, nocuá
que se puede mover nocuáami
muchacha *f* tihué (*s*), ihué (*pl.*)
muchacho *m* tohuí (*s*), cúruhui (*pl.*)
muchísimo *adv* huabé, nepi, huicabé
mucho *adj, adv* huarú (*sing.*), huicá (*pl.*), hue, 'me
mucho después hui'rique
mucho más huaminabi
mucho más rato huiribeco
mudo *m, adj* que ra'íchami, tamuro
muela *f* otérami, ramé otéramachi jáhuami
muerto *adj* mucúami
muesca *f*
hecho con muescas micótami
le hace muescas micó
mugir *vi* roró
mugre *f* chórohua

mugriento *adj* ochoréami, sugúrami
está mugriento sugura
mujer *f* muquí (*sing.*), muguí (*pl.*)
multar *vt* bujé
multiplicar *vt* huiquiyá muhué
mundo *m* cahuí, huichimoba
en el mundo huichimóbachi
murciélago *m* sopichí, supuchí
murmurar *vi* chira
músculo *m* cabóochi (*de la pierna o del brazo*)
musgo *m* rité bo'huara
músico *m* táami
muslo *m* casí
mutuamente *adv* a'nagupi
muy *adv* hue, ne

N

nacer *vi* a'huí (*las semillas*)
nació un niño nahuari
nada *pron*
de nada, por nada huicáhuaraba
nada más chopirigá, huepi
sin nada pée yiri
nadar *vi* 1. aqué
2. butuhuisa simí (*debajo del agua*)
nadie *pron* que huesi
nalga *f* cusuchí
naranja *f* narasi
nariz *f* acá, chomá
en la nariz acabó
hoyo de la nariz cho'márachi
neblina *f* bimó
hay neblina bimoré
necesitar *vt* nehuaré
negar *vt* icareca ru (*en sentido de mentir*)
negro *adj* chócami
lo hace negro chónohua
nene *m, f* múchari
nervio *m* lábari
nervioso *adj* majárami
nevar *v impers* quipá
que tiene nieve encima quipéami
ni *conj*
ni uno ni biré
nido *m* 1. rosó
2. churuguí rosorá (*de pájaro*)
hace nido rosorá
niebla *f* bimorí
en la niebla bimorítari
nieta *f* 1. usú (*de la abuela materna*)
2. acáchura (*de la abuela paterna*)
nieto *m* 1. aparocha (*del abuelo materno*)
2. ochícari (*del abuelo paterno*)
mi nieto nijé aparóchahuara
nieve *f* quiparí
ninguno *adj* que huesi, tarapé biré
ninguna parte que casé
niño *m* tohuí (*sing.*), cúruhui (*pl.*)
nivelar *vt* ri'ná
nixtamal *m* napíhuari
hace nixtamal napihua
no *adv* que, quetasi, que biré, tasi, tásirapé, tarapé
no importa que chireco
no le hace que chi'ré
no se maravilla quetasi majaga 'nata
noche *f* rocogó
anoche *adv* rapaco rocogó
de noche rocogó niráa
medianoche *f* nasipa rocogó
muy noche hui'rique chónachi
nombrado *adj* aniríhuami
lugar nombrado así aniríhuachi
nombrar *vt* 1. rihuará
2. huirá (*autoridad*)
3. jahua (*los nombran como autoridades*)
nombre *m* rihuá
tiene nombre rihué
nopal *m* 1. irá, rihuirí (*castilla*)
2. uchurí (*tipo que florece*)
nopalera *f* iréachi

norte *m* bajicháhuari (*viento frío*)
hacer norte bajichahua
nosotros *pron* tamujé
noveno *adj* quimacoysa
noventa *adj* quimacoysa macoy
nube *f* norí
nublado *m*
está nublado noré
nublar *vt* noré, noreba
nuca *f* cutámachi
nudo *m*
hace nudo nachigó
nuera *f* mo'orí (*sing.*), mo'orítami (*pl.*)
tiene nuera mo'oré
nuestro *pron pos* queta, tamujé níhuara
nuevamente *adv* bucurí
nueve *adj* quimacoy
nuevo *adj* bucuríhuami
nunca *adv* que siné
nutria *f* bajurí (*mamífero*)

O

o *conj* quere, queremá
obedecer *vt* o'huiqué
obediente *adj* gará nijéhuami
obligar *vt* 'huérari ané
obrar *vt* orá
obrero *m* nóchami
obscurecer *vr* chona, rocuahua (*completamente*)
a obscurecer chónachi
obscuridad *f* rocohuárari
en la obscuridad chónachi
obscuro *adj* chónami
obsequiar *vt* cora, nijí, córima 'ya
obsequio *m* córima
observar *vt* 'ne
obstante *adj*
no obstante arigá
ocasión *f*
en otra ocasión siné cáachi
ocote *m* chopé
ocotoso *adj* chopurú (*reg.; resinoso*)
octavo *adj* osá nahuosa
ocultar *vt* 1. bocohuí (*el Sol*)
2. norohuí (*al pasar al otro lado*)
ocupar *vt* nochara
ochenta *adj* osá nahuosa macoy
ocho *adj* osá nahuó
odiar *vt* naquichí
oído *m* nacá
tiene oídos naqué
oír *vt* 1. nami
2. ra'náchani (*ruido*)
3. ni'yóchani (*una voz*)
4. naráchani (*llanto*)
5. orihuáchani (*gimiendo*)
si quiere oírlo námanarasagá
oiga *imper* ¡japa!
ojo *m* busí
tiene ojos busé
ojo de agua *m* bajichi, payéhuachi
ola *f*
hace olas el agua apurá
oler 1. *vi* jubá, juca
2. *vt* sái, sáa
que huele bonito su'hueti júcami
huele mal bicajuca
huele mucho hue juca
olfatear *vt* sái, sáa
lo sigue olfateando sáata
olor *m* 1. su'hueti (*agradable*)
2. cha jubá (*mal*)
tiene buen olor su'hueti juca
olote *m* co'ná (*de la mazorca*)
que tiene olotes co'néami
olvidar *vt pret* huicari
olla *f* sicorí
hace ollas sicorita, sicota
ombligo *m* suquí
en el ombligo sucuchí
once *adj* macoy miná biré
opinar *vi* mayé (*pensar*)
oponer *vt* sayera
orar *vi* ra'icha Riosi yuhua

ordenar *vt* nurá
ordeñar *vt* huisuna
oreja *f* nacá
oreja de alguien nacara
que tiene orejas largas o chicas naquétari
orgullo *m*
tiene orgullo nóocha
orgulloso *adj* nóochami
está orgulloso nicahuera
orilla *f* 1. suhué, suhuirá
2. napacha suhuirá (*de camisa*)
3. cohuata (*de una meseta elevada*)
4. ba'huí suhuirá (*del agua*)
5. huarú bahuechi suhué (*del mar*)
se acerca a la orilla suhuensa
orina *f*
moja con orina isota
orinar *vi* isí
ortiga *f* ra'ó (*planta*)
oruga *f* cuchuri
oso *m* ojuí
otate *m* bacúi, huéchara
otro *adj* 1. auché, auché siné, auché biré (*sing.*), auché jaré (*pl.*)
2. bo'ó, bo'ona, bo'onata (*otra banda*)
en otra ocasión siné cáachi
en otra parte auché biréana
otra vez auchecho, auché siné
otro poco auché pe ocuá
uno por otro ibiripi niráa
uno tras otro a'yapi
unos a otros a'nagupi, ibiri, ibíripi
oveja *f* bo'huá
oxidado *adj* lasíbami
oxidar *vr* lasiba, rasiba

P

pacer *vi* sacará cosí simí (*pl.*; *vacas*)
padecer *vi* risú anira
padre *m* 1. tata
2. onó (*del hijo*), onorúami
3. marí (*de la hija*)
tiene padre oné (*sing.*), 'huénahua (*pl.*)
que tiene padre onéami
padrino *m* baquirini
paga *f* natigara
pagar *vt* nateta, natétarahua
paja *f* turio cusurá (*de trigo*)
pájaro *m* 1. churuguí
2. cuácari (*verde con pecho rojo que grita: "Cuá"*)
3. chiyohuí (*pechicolorado*)
4. choquéhuari (*grita temprano en la mañana*)
5. mo'óchi (*gris, un poco grande, anda en las paredes en el invierno*)
6. oyóca, o'yócuhui (*carpintero*)
7. ripíruhui (*saltapared*)
8. socorachi (*carpintero, cabeza colorada*)
9. suquícari (*carpintero, pinto*)
10. tochapi (*pico fino; andan muchos juntos; vienen en el tiempo de frío*)
pico de pájaro churugui cho'orá
nido de pájaro churuguí rosorá
palabra *f* ra'íchari
paleta *f* maracá
en la paleta maracachi
pálido *adj* rosánari
palma *f* 1. matagá (*de la mano*)
2. racú (*árbol alto, de barrancas*)
3. so (*árbol; se usa para amarrar rastrojo y otras cosas*)
palmillo *m* curú (*se usa para hacer canastas*)
palo *m* 1. cusí
2. biré cusí chicónami (*chueco*)
3. tóna (*parado*)
palo usado por las mujeres en las carreras chi'riruri
palo picudo huica (*para sembrar maíz*)

palo semejante al carrizo bacúu
palo o árbol seco huaquí
palo podrido cosari
paloma *f* macahui
palomitas *f*
hace palomitas ca'muchita, sapota
hacer palomitas de maíz ca'muchí
palpitar *vi* chipó
paludismo *m*
tiene paludismo ínuhua
panal *m* amóo, amoque (*de abeja*)
pandear *vr* richira
pando *adj*
está pando rachira, richira
hecho pando richíratami
pantalón *m* casibacha
panteón *m* chu'huechi
pantorrilla *f* cabóchuhua
panza *f* ropochí
panzón *adj* huarú sapéami, ropéami
paño *m* 1. huisiburi
2. churubira, coyera (*para la cabeza*)
pañuelo *m* napori
papa *f* ri'rohui (*pl.*)
papel *m* oserí
para *prep* mapu
para acá huaquiná
para allá echomí
para arriba ri'inana
parado *adj* 1. huiríami (*sing.*), jáhuami (*pl.*) (*cosa, persona recta*)
2. jubánara huiríami (*cosa recta, por atrás*)
andar parado uchuta (*animales*)
estar parado huirí (*sing.*); jahuí (*pl.; cosa recta*)
estar parado chucú (*sing.*); uchú (*pl.; animal, barco, troca, persona agachada u otra cosa de cuatro patas*)
poner parado toná, uchá, uchucha
poner parado uchaba (*sing.*); uchucha (*pl.; animal, barco, troca, persona agachada*)
poner parado huirá (*sing.*); jahua, jahuaba (*pl.*; *cosa recta*)
paralítico *m* que acáanami
parar 1. *vi* chucuba (*sing.*); uchupa (*pl.*; *animal, barco, troca, persona agachada*)
2. *vi* huiriba (*sing.*); jaba (*pl.*; *cosa, persona recta*)
3. *vi* quirá (*lluvia, nieve*)
4. *vt* huiraba (*motor*)
5. *vr* huirisa (*sing.*); jasa (*pl.; de estar sentado)*
el hecho de pararse huiriba (*sing.*), jaba (*pl.*)
parándose huirísaga, huachí huiríbaga (*derechito*)
párate *imper* ¡huiribá!
párense *imper* ¡jáasi!
pardo *adj* barosi, rosábachami, comósami
es pardo comósohua
parecer *vi* 1. corara (*amargo*)
2. nirá (*bien*)
3. ba'yó, hueni ba'yori (*bonito*)
4. nirá (*bueno*)
no me parece quetásini mayé
qué te parece *interr* ¿chu mi iquiri?, ¿churigá mi mayé?
parejo *adj* ri'náami
estar parejo ri'ná
hacer parejo ri'nará
parir *vi* nahuara, raná
parte *f*
en dos partes oconá
en la parte superior ripabé
en muchas partes canápuromí, huicaná, huicanáami
en otra parte auché, auche biréana, si'huina
en todas partes buchuhuíana, suníami
en todas partes donde hay gente o'máana
en tres partes bicaná

en una parte desconocida, en alguna parte biréanomí
en una sola parte biréana, birénapi
ninguna parte casé, que casé
partir 1. *vt* rapana
2. *vr* rapá
se está partiendo rapaní
pasado *adj*
pasado mañana huanihuí
pasador *m* ahuébara
pasar *vt* simira (*sing.*), simara (*pl.*)
cuando pasaban simárachi
los que pasan simárami
pasa a pie al otro lado del agua, bojoní
pasa la noche (*posar*) biteba, chi'ré, chi'reba
pasa un día o noche (*tiempo*) chi'ré
pasando simírasa
qué pasa *interr* ¿chu iquí?
sabe lo que pasó iquíi
pasear *vi* basaroa
pasto *m* casará
pastor *m* niséami
pastorear *vt* nisé
pata *f* ronó
patear 1. *vt* rité
2. *vi* nité (*animal*)
patio *m* rapirátachi
arreglar patio para bailar rapirá
patio donde arreglaron parejo ri'narátachi
pato *m* basoná, huasoná, rosoná
pavo *m* chihuí
pecado *m* chati oruhuáhuami, chati orarira
pecador *m* chati oráami
pecar *vi* chati orá
pecho *m* rahué
en el pecho rahuichí
que tiene pecho rahuéami
dar el pecho chi'íra
pedazo *m*
pedazos que sobran al hacer una cobija curícari
se hace pedazos casí, mojuá, pe cúuchi mojuari
pedernal *m* birina, ricóchari
pedir *vt* tané, tana, ta
pide a Dios tani Riosi
pedir perdón huicáhuari tani
pedregal *m* rimojachi
pegado *m*
está pegado nachúcami
en donde están pegados nachúrachi
pegajoso *adj*
está pegajoso choró
pegar 1. *vt* napachota
2. *vt* huichiba (*sol*)
3. *vt* ochó, ochoná, cho'ná (*con la mano*)
4. *vt* michó (*con marro o piedra*)
5. *vt* huipisó (*con la mano, una cuarta*)
6. *vt* basá (*con piedras*)
7. *vt* chihuá (*con un balazo*)
8. *vi* che, chihuí, napachó (*pl.*)
pegar rápidamente michona
pegarse con ceniza napisó
peinado *adj* tichícami
despeinado chiná, sopota
peinar *vt* tichí
peine *m* 1. chinita (*comercial*)
2. tichícari (*hecho de la piña del pino*)
pelar *vt* bichina, sipirú
pelear *vi* nacóo (*pl.*)
pelo *m* cupá
tiene pelo bo'hué (*animal*)
que tiene el pelo despeinado que tichícami
pellizcar *vt* sucuchú
pensador *m* 'nátami
pensar *vt* mayé, 'nata
no piensa bien, tonto que nehuarite, nataguésuri
peña *f* corá
en la peña coráachi
peñasco *m* huarú ritérari, rajamó
hay peñasco rajamota

peón *m* pioni
perder *vr* huicá
se echa a perder ri'ichara
pierde en el juego umpá
perdido *adj* 'huigáami (*pl.*)
perdón *m* huicáhuari
pide perdón huicáhuari tani
perdonar *vt* huicahua
perdónale *imper* ¡huicahuá! (*sing.*), ¡huicahuasi! (*pl.*)
perecer *vi* suhuiri (*pl.*)
perfecto *adj* garabé
perforar *vt* 1. ihuará (*agujerear*) 2. natabú (*taladrar*) 3. natahuí (*hasta salir por otro lado*)
perico *m* 1. cánari (*guacamayo*) 2. huará (*grande, verde*)
permanecer *vi* chi'ré (*sing.*), tibí (*pl.*)
permanece en la noche chireba
permanece fijo che
permiso *m* risensi
permitir *vt* naquihui, risensia 'ya
pernoctar *vi* biteba, chi'ré
pero *conj* chopi
perro *m* cochí
perrito cuchuri
perseguir *vt* a'najata
persogar *vt* huiya *Véase* **apersogar**
pesado *adj*
está pesado bité
pesar *vt* anahui
pescado *m* rochí
pescar *vt* sirú
pesca con anzuelo pohua
pestaña *f* si'huérahua
pestañear *vi* cupuchá
petaca *f* imuri
petate *m* perí
peyote *m* jícuri
pez, pescado *m* rochí
tipo de pez negro, barbón musí
pezuña *f* sutú
picacho *m* ricubiri
picador *m* niquíami
picante *adj* cóami (*chile*)
picar *vt* iché, uchú, iquí
le pica (*con alguna cosa*) chijisó, chi'ibú
está picando niquí
pica como chile co
pico *m* 1. churichi 2. churuguí cho'orá (*de pájaro*)
pico del cerro churírari
picotear *vt* chu'má, uchú
pie *m* rará, ronó
a pie huichí huirigá (*sing.*), huichí jaga (*pl.*)
poner los pies ronera (*en una banca*)
tiene pies o patas roné
piedra *f* rité
cerco de piedra tigótachi
hecho de piedra tigótami
piedra blanca ricóchari (*dura, sirve para picar el metate*)
trampa de piedras misuri
piedra que cae de la trampa riquira
piedra parada toni
piel *f* huichí
pierna *f* casí
en la pierna casichí
sin pierna casimochi
pinabete *m* maticó (*árbol*)
pino *m* ocó
corazón del pino ocó musurara
donde hay pinos ocuéachi
entre los pinos ocórari
hay muchos pinos hue oqué
tipo de pino huiyó (*de aguja fina*)
tipo de pino sahuá (*corteza gruesa, agujas delgadas*)
pinole *m* 1. cobisi 2. huatónari (*cocido*)
come pinole seco cobí
hace pinole cobira
pintar *vt* 1. osé 2. sitánahua (*rojo*) 3. siyónahua (*verde, azul*)
pinto *adj* comósohuami

piña *f* cahuíchari, ocó cahuíchari (*del pino*)
piojo *m* huichí
piojoso *adj* huichéami
pisar *vt* riqué
piso *m* jubétami (*de tablas*)
segundo piso osánamótami (*de una casa*)
pisotear *vt* rimisó
pizca *f* 'huíhuachi
pizcar *vt* 1. 'huí (*maíz*)
2. muní bo'niméani (*fut.*, *frijol*)
plano *adj* chipérami
está plano ocubá
platicar *vi* ra'icha
plato *m* bitori
plegar *vt* si'luna
pluma *f* torí bo'huara (*de gallina*)
pobre *adj* risúati (*sing.*), tisúhuati (*pl.*)
poco *adj* pe (*sing.*), pe ocuá (*pl.*)
hace poco bucurí, bucuripi, curipi
muy poco pebi
otro poco auché pe ocuá
poco a poco péebi niráa, quirí niráa, pe o'yó
poquito pe táa, péebi
podar *vt* atahuépata
poder 1. *m* jihuérahua, omérahuami
2. *vt* omero
tiene poder risensia nihua
poderoso *adj* omériami
podrido *adj* 1. atachórami (*mazorcas*)
2. bicáami (*carne*)
3. moyáami (*maíz desgranado*)
4. sótami (*madera*)
polvo *m* bimó, bimorí, napisó
hay polvo bimoré
pollito *m* churipi
pollo *m* torí
poner 1. *vt* achá (*sing.*), muchuhua (*pl.*)
2. *vt* uchá, uchucha (*parado, p.ej.: banca, caja boca abajo, animal amarrado, cualquier cosa en cuatro patas*)
3. *vt* ricá (*sing.*), ro'huá, ro'huaba (*pl., acostados*)
4. *vt* huirá, toná (*parado, recto p.ej.: cosas, personas*)
5. *vt* murubéanta (*cerca*)
6. *vt* bachá (*sing.*), mo'huá (*pl., adentro*)
7. *vt* coyé, churubí (*el paño de lienzo en la cabeza*)
8. *vr* bacó (*amarillo*)
9. *vr* sitagápa (*colorado*)
10. *vr* pu, sipú (*faja, enagua*)
11. *vr* co'yacha (*sombrero*)
12. *vr* huisibú, tabá (*la zapeta, taparrabo*)
13. pera (*carona a la bestia*)
14. mo'hué (*cartucho en rifle*)
15. bocohuí (*el sol*)
poner un recipiente (*p.ej.: olla, caja*) maná
por *prep* jiti
por allá echo'ná
por algo echijiti
por aquí jami
por eso echijiti
por favor pe risensi, pe riséñsia, pericó
por nada cárabá
por qué *interr* ¿churé?, ¿chuseá?
porque *conj* mapujiti
posar *vi* chi'reba
poseedor *m* níhuami
poseer *vt* 1. nihua
2. buqué (*sing.*), pugúe (*pl., animal*)
posesor *adj* bucura (*sing.*), pugura (*pl., de animales*)
poste *m* toni
postrar *vr* bo'huí
potable *adj* ba'huí bajíhuami (*agua*)
pozo *m* bajichi
pozo hecho cayéatachi
pozole *m* basori (*frijol cocido con nixtamal*)
preceder *vt* bachá simí
predicado *adj* nahuésarami
predicador *m* nahuésami
predicar *vt* nahuesa, nahuisá

tiene ganas de predicar nahuésanara
preguntar *vt* rucué
preguntándole rucugá
prender *vi* na'é, rajigá, rajina (*lumbre*)
prendido *adj* na'érami
preñado *adj* bocháami
preparar *vt* 1. a'lara
2. murú (*una carga*)
preso *m*
lo hicieron preso bachari
lo lleva como preso burira
quisieron hacerlo preso bachánari
prestar *vt* tanehui
primeramente *adv* bachá
primo, prima *m, f* raté (*hermano, hermana menor de la madre*)
primogénito 1. *adj* bachá huiríami
2. *m* bachirúami
principio *m* choquira
al principio, en el principio choquichí, chabé choquichí
producir *vt* raqué
produce lana bo'orá
prohibir *vt* que naquihua, ra'ama
prójimo *m* murubé bitéami
prometer *vt* bichíhuaga ané
pronto *adv* hue sapú, que ayó, yáati, hue yámiti
propio *adj* binoy níhuara
proteger *vt* tibuta
provocar *vt* choquira níiri (*pret.*)
próximo *adj* auché biréana
pudrir *vi* 1. bicá (*carne*)
2. sota (*madera*)
3. moyá (*maíz desgranado*)
4. muyá (*maíz, trapo mojado, cosa enterrada, madera*)
5. atachó (*pl.*; *las mazorcas*)
puerta *f* 1. 'yera
2. napuchi (*entre las montañas*)
puerta abierta yéachi
puerta de la casa carí yéhuarachi
puesto menor *m* cuchípara (*entre las autoridades del pueblo*)
pulga *f* ripuchí
pulmón *m* sonorá
puma *m* mahuiyá
punta *f* cuhuara (*de pino, grano de maíz*)
que tiene punta chupéami
en la punta del cerro churírari
sacar punta chupará
punzar *vt* iché
puñado *m* biré macori (*maíz*)
pus *m*
sale pus bacamú, bicamú, bisó
hace salir pus bisona, bisonta

Q

qué *adv interr, pron interr* ¿chu?, ¿chuché?, ¿piri?
qué es ¿piri ju?
para qué ¿churécura?
qué cantidad ¿chu quipu?
que *pron rel* mapu
quebrado *adj* chi'huáami
quebrar 1. *vt* casina, o'rina
2. *vt* capona, ca'rina (*una cosa larga*)
3. *vt* na'rina (*palo, pierna, cuerno*)
4. *vt* mojuana (*en pedazos*)
5. *vr* casí
6. *vr* na'rí (*palo, pierna, o cuerno*)
7. *vr* napó, napona (*palos*)
8. *vr* ca'rí (*un palo*)
9. *vr* capó (*una cosa larga*)
10. *vr* chupamóori (*la punta*)
oír que se quiebra na'ríchani
quedar 1. *vi* ripí (*sing.*), tibí (*pl.*)
2. *vr* napachó (*pl., pegados*)
quedar en la noche biteba
queja *f* chirí
lanza quejas ri'i
quejar *vr* risúu aní
quelite *m* 1. quiribá, cujuíbara, rochíhuari

2. chu'huá (*hojas anchas*)
3. osorí (*de agua*)
4. mocuásari (*se cuece para comer*)
juntar quelites quirí
quemado *adj* na'árami
quemar 1. *vt* icosa, na'á, sahua
2. *vt* huichobé (*tortilla, frijol*)
3. *vt* 'cuhuana (*por el sol*)
4. *vi* rajá
5. *vr* sahuí, sahuita (*comida*)
6. *vr* huichobeta (*tortilla, frijol*)
7. *vr* choba (*por el sol*)
8. *vr* icota (*el monte*)
9. *vr* ochobeta (*comida; alguna cosa dejada cerca de la lumbre*)
querer *vt* garé, hueni naquí, naquí
quería orari
quiso orari
si quiere naquisáagá
quién *pron interr* ¿chigá?, ¿yepu?
quien *pron rel* mapu
quieto *adj* quirí
quijada *f* charóara
quince *adj* macoy miná marí
quinto *adj* marisa
quiote *m* barí
quitar *vt* 1. bujé, 'yé
2. acá (*el filo*)
3. aré (*cuernos*)
4. bichí (*piel*)
5. bichina (*cáscara*)
6. bisú (*cuero*)
7. pirapa (*aparejo*)
8. racabú (*semillas*)
9. ri'ibú (*basura del frijol*)
10. ronibú (*patas*)
11. satibú (*arena*)
quizá *adv* quere, queremá, huaré

R

rabia *f* lohuí
enfermar de rabia lohuihua
pegar rabia a otro lohuira
que tiene rabia lohuíami
rabo *m* cochí huarira (*del perro*)
raíz *f* nahuá
que tiene raíz nahuéami
tiene raíz nahué
raíz con la que se hace pegamento chiquí
rajar 1. *vt* rapana
2. *vt* 'huacaná (*bifurcación de ramas*)
3. *vr* rapá
4. *vr* huacá (*una rama*)
rama *f* 1. otohuá (*grande*)
2. charihuá (*chiquita*)
echa ramas grandes otohuata
ramitas de encino charihué
tiene ramas grandes otohué
rana *f* 1. rimó
2. ricúuri (*grande, obscura*)
3. sacuá, huaca (*verde, chiquita*)
4. ricúhuari (*verde grande, canta en primavera*)
rascar *vt* sipá, sucú
rasgar *vt* chi'huana
rasguñar *vt* sucuchú (*con uñas*)
raspar 1. *vt* chajoca, sipá, sucú
2. *vr* huichibecha (*con alguna cosa*)
3. *vr* bichí, bisiruta
se raspó chihuari
rastrillo *m* rapirara (*para limpiar el patio*)
rastrojo *m* sonó
rata *f* 1. rorí
2. oquiri, rocuiri (*de zacate*)
rato *m*
al poco rato a'rínaromí
al rato térico
hace rato abé, bucurí
un rato pe téeri
ratón *m* 1. chicuri
2. sotóchi (*chico, de monte*)
rayar *vt* 1. bahuirá (*con hierro candente*)

2. raramú (*un pino porque le cae un rayo*)
real *m* huenomí
rebajar *vt* su'rá (*la cuenta*)
rebanar *vt* rapirá (*para hacer cecina*)
rebosar *vi* cu'rí
rebozo *m* chiní quimira
recibir *vt* naré
recién *adv*
recién hecho bucurí nihuárami
recio *adj* o'huari
reclamar *vt* cu tani
recoger *vt* cu chapí
reconciliar *vt* cu canírata
recordar *vt* nehuará
hizo recordar nehuarábanari
recto *adj* huachínami
recuperar *vr* cu sa'huá
rechazar *vt* que 'me nirá
rechinar *vi* hue chané
redondo *adj* sitúrami (*sing.*), chirúrami (*pl.*)
está redondo sitúra
hace redondo sitúrohua
reforzar *vt* ihuébana
regalar *vt* córima, córima 'ya, cónahua
regañar *vt* oyera, yona
regar *vt* ba'hui ro'hué
regazo *m*
en el regazo casimóbachi
regocijar 1. *vt* canírata
2. *vr* canira
regresar *vi* cu nahuá (*sing.*), cu si (*pl.*)
reír *vr* achí (*sing.*), cachí (*pl.*)
relampaguear *vi* ni'huí
relatar *vt* cu ru
relinchar *vi* cusú
relucir *vi*
cuando reluce ratabáachi
relumbrar *vi* rataba
remedio *m* ohuáami
remendar *vt* pachoca, napasú
remojar *vt* pagué, pasó, sa'mecha, sampacha
remoler *vt* píhui
remolino *m* pibíiri
se formó un remolino pibíhuari
renacuajo *m* sibori
rendija *f* rapárachi
rendir *vt* muhué (*mucho*)
rengo *s, adj* casimochi, que acáanami
renovar *vt* bucurí nihuá
renunciar *vt* cu machina
reñir *vi* na'ahua (*pl.*)
repartir *vt* nachuta (*entre muchos*)
repente *m*
de repente eque sayiná
de repente yáatari (*en futuro*)
vendrá de repente yáti cu nahuama
repetir *vt* 1. auchecho siné aní
2. tinicha (*la misma cosa que otro dice para burlarse*)
reponer *vt* auchecho siné cu 'ya
reprender *vt* ra'ama
res *f* huáasi, huacasí
resbalar *vi* 1. sitárana
2. sasira, sitá
se está resbalando sitaní
resbaloso *adj*
está muy resbaloso hue salá
resfriar *vr* cho'má
resina *f* choré
resolver *vt* catehuama
resollar *vi* ihuíchani
resonar *vi* chané
respetar *vt* nirá, o'huiqué
respiración *f* ihuigá
respirar *vi* ihuí
resplandecer *vi* rataba
el Sol resplandece ma huichiba rayenari
responder *vt* nijehua
va a responder nijiyama
restante *adj* tibíami
resucitar *vt* cu ohuina
retener *vt* nuté
retirar 1. *vt* pe micabé achá
2. *vr* micabéana

retoñar *vi* sahuarásimí
retornar *vi* cu simí
retrasar *vt* hui'ribéque nahuá (*su llegada*)
retronar *vi* ri'o chaní
retumbar *vi* queba
reúma *m*
  tiene reúma churomí ocó
reunir 1. *vt* napabú
  2. *vr* napahuí
  cuando están reunidos muchúhuachi (*pl.*)
revés *m*
  al revés ri'nabuca
revolcar *vr* ri'nagápura
revolver *vt* lohuá, nasó, cu'rí
revuelto *adj* nasóami
rezar *vt* amachí
  perteneciente a la acción de rezar amachícarahuami
rezumbar *vi* anéchani (*reg.*; *zumbar*)
rico *adj* níhuami
  está haciéndose rico níhuita
rifle *m* carabina
  tira con rifle ra'né, ratá, ratana
rincón *m* sitochi
  en un rincón sicochi
río *m* bacochi
  por río abajo tuna
risa *f*
  dar risa achí
risueño *adj* achíami
robar *vt* 1. chigó, chihuá
  2. chigosa (*de paso*)
  roban mucho chihuahua
  robando chiguá
rociar *vt* bachima
rodar 1. *vi* cabita
  2. *vi* capilata (*cosa larga como tronco*)
  3. *vt* capirata simí (*un trozo*)
  4. *vt* cabítana
  5. *vt* capirátana (*una cosa larga como un tronco*)
rodear *vi* norera
rodilla *f* chocoba
  en las rodillas chocóbachi
rogar *vt*
  le ruega tani
rojear *vi* sitana
rojo *adj* sitácami
  lo pinta de rojo sitánahua
romper 1. *vt* chi'huana
  2. *vi* chi'huá
roncar *vi* roró
ronco *adj*
  está ronco cho'mácara aní
roñoso *adj* sugúrami
  está roñoso sugura
ropa *f* chiní
rostro *m* acará
roto *adj* chi'huáami
rozar *vt* comera (*la tierra*)
rugir *vi* roró
ruido *m*
  hacer mucho ruido nacátara
  hacer ruido sicohua, sicóori (*estómago*)

S

sábana *f* quimira (*para arroparse*)
saber *vt* machí
  como deben saber machisátiré
  le hace saber machira
  que sabe bien machíami
  sabe leer machí oseri 'néniya
  que sepan machisí
  sabe lo que pasó iquíi
  sabido machirúami
sabina *f* hua'á (*árbol*)
sabio *adj* gará machíami
sacar *vt* *1.* machibú, machí pa
  2. opó (*poste*)
  3. huaní (*gusanos; chupando con un carrizo*)
  4. huijá (*de la lumbre*)
  5. tu (*agua con una hueja*)

sacar punta chupará
sacar tiras sopana (*palma, cuero*)
saco *m* chihuáhuara (*de manta*)
sacudir *vt* asahua, asapa
sahumar *vt* moré
sal *f* coná
tiene sal acá, conahua
salado *adj* acáami
está salado acá
salamandra *f* rotebi
salar *vt* acahui
salir *vi* 1. machina (*sing.*)
2. buyana (*pl.*), huajóo (*los animales del corral*)
3. sicóona (*legaña en los ojos*)
4. bajita (*agua*)
apenas salió bucurí simíri
le salió salpullido buyánari
salimos del trabajo upuyari
saliva *f* sa'rihuá
salivar *vi* sa'rihué
salpicar *vt* chi'ró, chipó
salpullido *m*
le salió salpullido buyánari
saltamontes *m* corochi
saltapared *m* 1. ripíruhui (*pájaro*)
2. chu'yépari (*pájaro, grande*)
salto de agua *m* bocuírachi
saludar *vt* 1. narepa (*tocando el hombro*)
2. curusú (*tocando el brazo a otro*)
Salvador *m* Cu'huíimi
salvar *vt* cu'huira
Samachique echo'ná Samichí
sanar *vt* sa'huá, cu sa'huá
sano de los pies, brazos acáanami (*solo se usa negativamente*)
sangrar *vi* lena
sangre *f* la, lamari
sangriento *adj* léami
sanguijuela *f* bayena
sapo *m* rimó, sacuá
sarampión *m* sipiyoni
sauz *m* rotosí (*sauce; árbol*)
sebo *m* hui'í
sebo de chiva chibá hui'íra
secar 1. *vt* huaqué, huarona, huaquichébana
2. *vr* huaquiché
3. *vr* chaguta (*la hoja*)
4. *vr* huaró (*por el sol*)
seco *adj* huaquichéami
secretamente *adv* chiná niráa
sed *f*
tiene sed baraché, barami
sediento *m* hue barami
sedimento *m*
sedimento del tesgüino sa'narí
segar *vt*
segar el trigo turio siguir
seguido *adj*
en seguida jipi arí
seguidor *m* ináatami
seguir *vt* 1. najata (*sing.*), náata (*pl.*)
2. sáata (*olfateando la huella*)
3. jiyeta, jiyé (*huellas*)
siguen haciendo algo nocuisa
siguieron haciéndolo sísari
según *prep* mapurigá
según dice Juan mapurigá echi Juani aní
segundo *adj* osá
seguro *adj* juri
estoy seguro garani machí
seis *adj* usani
semana *f* tarari
Semana Santa Norírahuachi
sembrado *m* ichirúami
sembrador *m* icháami
sembrar *vt* 1. ichá
2. muné (*frijol, pl.*)
de siembra ichihuáhuami
fue sembrado ichírati
siémbrenlo ustedes *imper* ¡ichisí!
semejante *adj* mapuyiri (*forma*)
semejanza *f* yiri
semilla *f* racá, tarí (*para sembrar*)
semilla de trigo turió racara
sencillo *adj* quetasi 'me oméami ju
seno *m* chi'mura
sentar *vr* 1. asiba (*sing.*), muchiba (*pl.*)

2. cayaga asíbari (*en cuclillas*)
3. mema (*con las piernas cruzadas o extendidas*)
4. mitora (*con los pies cruzados*)
está sentado haciendo algo asira (*sing.*), muchira (*pl.*)
quería sentarse asináari
hacer sentarse, desean sentarse muchínara
siéntate *imper* ¡asibá!
sentir *vr* 1. lamú (*dolorido por un golpe*)
2. churomí ocó (*el cuerpo dolorido*)
señalar *vt* jóhua
separado *adj* rojuácami
separar *vt* rojoná
séptimo *adj* quicháosa
sepulcro *m* chu'huechi
sepultar *vt* chu'huiró
ser *vi* 1. ju, juco, jupá
2. co (*afirmación*)
era qué, sérari
éramos ijínari
eran ijínari
lo que sea chubiyiri
que sea níraga (*sing.*), nírasi (*pl.*)
será(n) níima
siendo níisa, qué
sería níimiri, cameri (*bueno*)
sereno *adj* cahuíami (*claro, sin nubes*)
sereno *m*
caer sereno ba'huichí
serio *adj* que chibisíami
serpiente *f* 1. sinohui (*de todos tipos*)
2. rinórohui (*larga, ligera, negra*)
3. sayahui (*cascabel*)
servir *vi* iré
no sirve tasi iré, sití
sesenta *adj* usansa macoy
setenta *adj* quicháosa macoy
sexto *adj* usansa
sí *adv* abi, abiyena, ayena, ayeno cho, juri
cree que sí mayé
sí también ayénasí
siempre *adv* sinibí
sierra *f* huérachi (*alta*)
siete *adj* quicháo
silencio *m* quirí
sin *prep*
sin embargo arigá
sino *conj* chopi
siquiera *conj* chopi arigá
sobaco *m* marachi
sobar *vt* sumá, ronobácata (*las piernas*)
sobrante 1. *m* abijí tibíami
2. *adj* simírami
sobrar *vi* simira (*sing.*), tibí (*pl.*)
sobre *prep* moba, ripá moba
sofocar *vt* 1. coché (*con alguna cosa en la garganta*)
2. morite sirí (*por el humo*)
soguilla *f* corogá (*con crucifijo*)
sol *m* rayénari
el Sol resplandece ma huichiba rayénari
hace sol rayena
solamente *adv* chopi, huepi
soldado *m* sontarsi
solera *f* cutega
solo *adj* bi'neri (*sing.*), ahuínari (*pl.*)
uno solo birepi
soltar 1. *vt* ni'yúbana, su'rina
2. *vt* botana (*desata*)
3. *vt* sutubípa (*soltando el mecate con que fue maneado*)
4. *vr* botá, ni'yusa
soltero *m* que cho upéami
sombra *f* cárari
está a la sombra caba
hace sombra ca
sombrero *m* co'yacha
sonaja *f* 1. sáhuara (*de los matachines*)
2. sayécari (*del pascolero, danzante*)
3. chanébari, chanécuri (*del pascolero, bailarín*)
4. rururú (*del corredor*)
sonaja que llevan los corredores rurú

sonar *vi* 1. ané (*fuerte*)
2. chané (*mal*)
3. nané (*mucho*)
4. ra'náchani (*oír ruido*)
5. sohuaca (*resoplo o respiro*)
6. roró (*motor*)
sonido *m*
hace sonidos con la voz ni'yoca
sonreír *vi* achí
soñar *vt* rimú
soplar *vt* 1. pucha, púchaga (*con la boca*)
2. icá (*el viento*)
3. icárata (*con alguna cosa*)
soplando puchaga
sorber *vt* chunurú
sordo *adj* naquétari, que námiami
sorprender *vt pret* chami níriqui iquiri
su, sus *adj pos* quepu (*de él, de ella*)
su, sus *pron* quétamo (*de ustedes*)
subir *vi* 'mo (*sing.*), jima (*pl.*)
subir el humo morina
subir de tierra baja muná
ir subiendo moyena
suceder *vt* iquí
suciedad *f* chórohua
sucio *adj* 1. sugúrami
2. chónami (*negro*)
está sucio chona
sudar *vi*
está sudando chirena
tener mucho sudor chirihué
suegra *f* huasí
suegro *m* si'á, si'yá
suelo *m* huichí, ri'ré huichí
sueño *m*
tiene sueño cochinari
suficiente *adj*
tengo suficiente sébari níhuani
sufrir *vt* risúu, risúu nira
sumamente *adv* ne
sumergir *vt* botobú
sur *m* ri'reque
surcar *vt* ro'huá (*con el arado*)
surtido *m* huicaná nasóami

T

tabaco *m* huipá (*del campo*)
tábano *m* naparí
tabla *f* tábara
tacaño *adj* risirúami
tal *adj* echiyiri
tal como está mapurigá atí
tal como era achigórigá mapurigá
tal vez *adv* huaré, quere, queremá, siné cáachi
taladrar *vt* natabú
talega *f* chihuáhuara
talón *m* ranícuri
tamaño *m* churú
tamaño de un caballo mapu churú cahué
tambalear *vi* bu'huírasama, o'rí
también *adv* así, napéa, omá, na'rohua, ayena cho
tambor *m* campori (*se usan en la Semana Santa*)
tampoco *adv* quetasi cho
tanto *adv* 'me
entre tanto mapuyénasí
ese tanto echiyena
por lo tanto echijiti
tapado *adj* na'omárami
tapar *vt* 1. pora
2. na'oma (*por encima o de arriba*)
3. cho'omaba (*la boca y la nariz por vergüenza*)
4. quimá (*con una cobija*)
5. ca'moché (*garganta cuando se come algo seco*)
6. nacú (*la huella*)
tarahumara *f* rarámuri
idioma tarahumara rarámuri ra'íchara
tarántula *f* sipurí, sipúruhui

tardar *vi* ariché
tarde *adv* arí
es tarde arihua
esta tarde jipi arí
tardecer *vi* ariché
tascatal *m* aoréachi
táscate *m* aorí, orí (*árbol local de la familia del cedro*)
tatemado *adj* mijírami (*asado*)
taza *f* basi
te *pron* mi
tecolote *m* 1. cabósari (*blanco, de tamaño mediano*)
2. ritúcari (*blanco y amarrillento, de tamaño grande*)
tejer *vi* te
tela *f* tera
telaraña *f* narúchari carira, narúchari rocorá
temblar *vi* 1. sayiruma
2. sahuiruma, nocuá (*la tierra*)
temer *vt* majahuihua, majaga
temeroso *adj* majáami
templo *m* ri'obá
temprano *adv* bi'yá
tender *vt* ra'lanama
tendido *m*
tendidos para dormir pechi
tener *vt* 1. nihua
2. buqué (*animal*)
tiene ganas de comer co'nari
tengo de todas clases cáraga níhuani
tenga *imper* ¡ji!
tentar *vt* nochá
teñir *vt* yoca
lo tiñe de anaranjado lánahua
tercero *adj* baisá
terminar *vt* caycna, suní
termita *m* coséhuari
terreno *m* cahuí
herencia de terrenos cahuí pátami
tesgüino *m* suguí, batari (*bebida embriagante*)
que toma tesgüino bajíami
tomar tesgüino bají
tener tesgüino en su casa batárahua
testificar *vt* ru
teta *f* chi'muri
ti *pron* mi
tía *f* 1. soró (*hermana mayor del padre*)
2. opochi (*hermana menor del padre; 1ª pers.*)
3. huasamóchahua (*hermana mayor de la madre; 1ª pers.*)
4. ratá (*hermana menor de la madre*)
tibio *adj* péebi ratáami
tiempo *m*
al mismo tiempo a'nahuí
cuando llega el tiempo sébachi
en todo tiempo churubi
hace muchísimo tiempo qui'yá, quiyá
hace mucho tiempo ma hui'rí rahué ju (*días*), ma hui'rí bamíbari ju (*años*)
poco tiempo téeribi, pe teri
tiempo de calor antes de las lluvias cuhué
tiempo de lluvias bará
tierno *adj*
está tierno chi'rá (*elote, calabaza*)
tierra *f* 1. cahuí, hui'yé
2. huasá, cahuí ichihuáami (*de cultivo*)
hay tierra hui'yée
lugar en donde la tierra está colorada sitéachi
mi tierra nije cahuíhuarachi
tiene tierra cahuíi
tierra blanca ricá (*la usan para pintarse en las fiestas*)
tierra de siembra hui'yé ichihuáhuami
tijera *f* sirá
tinieblas *f*
hay tinieblas rocohuá
en las tinieblas rocohuárari
tinta *f* sitá (*colorada, de la tierra con que se pintan los tambores*)

tío *m* 1. cumúchari (*el hermano mayor del padre; 1ª pers.*)
2. richí (*hermano menor del padre*)
3. curichi (*hermano mayor de la madre; 1ª pers.*)
4. raté (*hermano menor de la madre*)
tirar 1. *vt* pa; u'lú (*pl.*)
2. *vt* ihuepa (*con fuerza al suelo*)
3. *vt* cu'luhua (*líquido*)
4. *vt* pasá, napabá (*piedra*)
5. *vt* huiró (*agua*)
6. *vt* ra'né, ratá, ratana (*con rifle*)
7. *vt* umú (*sing.*), mujubú (*pl.*; *flecha o balazo*)
8. *vi* cu'lí (*líquido*)
tirando las bolas chocojipa
tobillo *m* romírachi
hueso del tobillo bachagochi
tocador *m* táami
tocar *vt* 1. nocuara
2. nocha (*con la mano*)
3. taca, simé (*instrumento musical*)
4. cusé (*flauta*)
5. huipisó capaneri (*campana*)
6. chané (*puerta*)
7. chaché (*una cosa a otra*)
tocayo *m, f*
es tocayo chópirigá rihuéami ju
todavía *adv* abijí, cho
todo *adj* suhuaba
es todo cari ju
todo cuanto suhuaba mapu iquí
todos *m pl* si'néami
tomar *vt* 1. bají (*beber*)
2. ba'huí bají (*agua*)
3. to (*llevar*)
hacer tomar bajira
tomar pecho chi'í
ir al tesgüinada a tomar bajuhua
toma *imper* ¡ji!
tomatillo *m* rurusí (*fruta*)
tonto *adj* nataguésuri
torcer 1. *vt* bi'rina, cu'lina
2. *vi* camí
3. *vr* miteba, muteba (*tobillo*)
4. *vr* bi'rí (*solo*)
torcido *adj* bi'líami
que ha sido torcido bi'lícami
tordo *adj* rosobáchami
toro *m* huáasi ohuira, huacasí ohuira
tortilla *f* rimé
hacer tortillas rimé
toser *vi* rosohua
tostado *adj* cuhuanárami
tostar *vt* 1. coná, cuhuana (*tortillas*)
2. cusí (*elotes o mazorcas*)
3. sapótana (*para hacer palomitas*)
trabajador *m* nóchami
trabajar *vi* nocha
a trabajar (*varios*) nochásia
poner a trabajar nochara
está trabajando agachado chucú
trabajo *m* nóchari
donde hay trabajo mapo'mi nochárahua
trabajoso *adj* hue oméami, 'nate
traducir *vt* uchucha
traer *vt* 1. 'me, 'nora, pa
2. 'yeba (*para alguien*)
3. ba'huí tuma, tu (*agua*)
4. cu ca'huí, qui'huí (*leña*)
traer en las manos tapa, ca
quiere traerlo pánara
tragar *vt* a'huá
trampa *f*
poner una trampa misú, misugú (*de piedras para aplastar animales chicos*)
trampa de piedras misugú, misuri
transformar 1. *vt* nacuríhua
2. *vr* najita
transparente *adj* gará machíami
trapo *m* huisiburi
tráquea *f* roroca, rorógara
trasquilar *vt* sicá
trasquilará siquimea
travieso *adj* chuhué bacháami simírami, cha nocuáami
trece *adj* macoy miná biquiyá
treinta *adj* baisá macoy

trementina *f*
tiene trementina (*el pino*) choré
tremolar *vt* lohué
trenza *f*
hace trenzas choba
hace trenzas para otra chobata
tres *adj* biquiyá
tres tantos auche baisá niráa
en tres partes bicaná
trigo *m* turio
paja de trigo turio cusurá
segar el trigo turio siquiré
tiempo de cortar trigo siquirécohuachi
triguillo *m* basiahui (*semilla; se usa para fermentar el tesgüino.*)
trillar *vt* rimisó (*el trigo*)
tripa *f* sihuá
tiene tripas sihué
triste *adj* o'mónami
está triste o'mona, sihué
troje *f* ricohui (*reg.*: *troja*)
en la troje ricóhuachi
tiene troje ricohua
tronar *vi* 1. ri'yóchani, ri'ó (*el cielo*) 2. ra'néchané (*tiro, trueno*)
está tronando el cielo ri'onó
truena la pólvora ra'né (*rifle*)
tropezar *vi* 1. turupa 2. i'mé (*andando*)
trozar *vt* 1. ripuna 2. mité (*con hacha*)
trozo *m* cutega
tú *pron* mujé, mi
tú mismo mujé binoy
tuerto *adj* biréana busugachi
tuétano *m* huacá
tumba *f* chu'huechi
tumbar *vt* 1. ca'mina, najuina, na'mina 2. ricaba (*sing.*), ro'huaba (*pl., buey o persona*)
tuna *f* napó
turbio *adj* huicúami
está turbia (*el agua*) huicú
tuza *f* riposi (*mamífero*)
tuyo *adj pos* quemi, muje níhuara

U

ubre *f* casó, chi'huara
último *adj* jubáami
un, uno *adj* biré, siné
cada uno ibiri, ibíripi
ni uno tarapé biré
uno tras otro a'yapi
uno por otro ibiripi niráa
ungido *adj* uchérami
ungir *vt* uché
único *adj* bi'néripi
unido *adj pl* napahuícami
unir *vt* napachota
unos *pron* jaré
unos a otros a'nagupi, ibiri, ibíripi
untar *vt* uché
uña *f* sutú
urgente *adj* arigá 'huérari
usado *adj* luhuíami
usar *vt* née
usted *pron* mujé (*sing.*), 'yemi (*pl.*)
de usted mujé níhuara
de ustedes 'yemi níhuara
útil *adj* hue iré

V

vaca *f* huáasi, huacasí
vaciar *vt* cu'luhua, rohuá
vacunar *vt* uché
vadear *vt* bojoní
vaina *f* cajera
valer *vi* natiguí
no vale mucho tasi 'me natiguí
vale mucho hue natiguí

valiente *adj* aparúami
valor *m* natigara
vanagloriarse *vr* nicahuera
vanidoso *adj* níriami
vapor *m*
  hace vapor morina
vaqueta *f* mocá
vaso *m* basi
vecino *m* murubé bitéami
veinte *adj* osá macoy
vejiga *f* sijarí
vela *f* rajirí
veloz *adj* huarina
vena *f* lábara
venado *m* chamarí, chumarí
vencer *vt* 1. omeba (*sing.*)
  2. *vi* ni'yura, niyura (*en una carrera o juego*)
vender *vt* rariguihua, rarinéa
venenoso *adj* omée
venir *vi* iná, norina
  allá viene echo'ná inaro
  vénganse *imper* ¡sisí!
  viniendo nahuagá
ventana *f* 1. yéachi (*abierta*)
  2. acabó (*de la nariz*)
ventilar *vt* iqué
ver *vt* 'né, rihuá, ritihuá, 'niná
  a verlo 'nemia (*sing.*), 'nébia (*pl.*)
  cuando estaban viéndolo 'nécohuachi
  podía ver machíiri
  el que ve ritéami
  que puede ver machíriami
  ve bien machíi
  viéndolo nigá, rihuisáa
verdad *f* bichihuá, bichíhuari
verdadero *adj* bichíhuami
verde *adj* siyónami
  es verde siyona
  lo pinta de verde siyónahua
vergüenza *f*
  sinvergüenza que rihuérami
  tiene vergüenza rihuera
verter *vt* huiró (*sangre, tesgüino*)
vertiginoso *adj*
  está vertiginoso yema
  le causa vértigo yémta
vestido *m* tabáchami
vez *f* siné (*sing.*), choquéami (*pl.*)
  a veces, de vez en cuando sinomí
  una vez sinepi
  una sola vez sinéami cáachi
  cuántas veces ¿quisabi?
  otra vez cu, auchecho, auchecho siné, auché siné
  muchas veces huisabé
  tal vez siné cáachi
víbora *f* 1. sinohui (*genérico*)
  2. banásani (*de menos de un metro, negra, no tiene cascabel, vive en las barrancas*)
  3. bacarachi, macarachi (*chica, rayas blancas*)
  4. chachámuri (*chica, de cascabel*)
  5. huajomari (*grande, pinta, no muy peligrosa*)
  6. sayahui (*cascabel, grande*)
vida *f*
  dar vida ihuita
vieja 1. *f* huiráami (*sing.*), 'huécami (*pl.; mujeres*)
  2. *adj* chérami (*cosas*)
viejo 1. *adj* ochérami (*sing., hombres*)
  2. *s* 'ochérami (*pl.*)
viento *m* bajicháhuari (*frío del norte*)
  hacer viento frío del norte bajichahua
  hace viento hue icá
vientre *m* ropá
viga *f* cutega
  poner vigas cutega (*a la casa*)
vigilar 1. *vi* tibú
  2. *vt* tibuta
vigoroso *adj* jihuérami
violento *adj* aparúami
viuda *f* cunámami (*sing.*), cunámacami (*pl.*)
viudo *m* upímami (*sing.*), upímacami (*pl.*)
vivir *vi* bité (*sing.*), piré (*pl.*)

el que vive bitéami (*sing.*), piréami (*pl.*)
que vivan rijóirasi
vive allí rijóara (*un hombre*)
vivo *adj* acami (*sing.*), jácami (*pl.*)
volar *vi* i'nisa, i'ní
lo echó a volar i'níbana
voltear 1. *vt* cu'lina, ri'nabú (*pl.*)
2. *vt* mahué (*la tierra*)
3. *vr* ri'nahuí
volver *vi* 1. norina
2. ro'huí, ro'mina (*por atrás*)
3. cu norina
4. rahué (*el pecho hacía*)
vomitar *vt* opesi, o'yó
tener ganas de vomitar o'yona
voraz *adj* imúami
voz *f* ne'ogá
vuelta *f* norí
andar dando vueltas norira
dar vuelta cu ro'mina, cu'lina, cu'rí
está dando vueltas solo cu'runí
que hace vueltas norírami
vuestro *adj pos* 'yemi níhuara

Y

y *conj* ari biché
ya *adv* ma
ya casi ma ne muripi
ya mero ma ne noquí
yegua *f* cahué muquira
yerba *Véase* **hierba**
yerno *m* mo'né
yesca *f* sorá (*del corazón del encino*)
yescoso *adj* soréami
yo *pron* nijé
yo a ti nimí
yo mismo nijé binoy
yugo *m* mosobera
yunta *f* burí
yunta de bueyes biréana burí

Z

zacate *m* casará
en el zacate casarátari
hay zacate casaré
zafar *vr* muteba (*el pie*)
zambullir 1. *vt* botuhuí
2. *vr* pibá
zancudo *m* huajó
zanja *f* payéhuachi (*donde se junta agua*)
zapeta *f* tabachi (*reg.*; *taparrabo; se lleva en lugar de pantalón*)
que lleva zapeta tabáchami
se pone zapeta huisibú
pieza triangular de la zapeta huisibura
zarzamora *f* misucuá
zopilote *m* 1. huirú
2. coró (*pinto, rayado*)
zoquete *m* huisogá
zorra *f* quiyochi
zorrillo *m* 1. píchuri, payochi (*chico, pinto*)
2. pasochi (*grande, rayado*)
zumbar *vi* roróchané
zurdo *adj* o'huibichi, usuta

NOTAS GRAMATICALES

APÉNDICES

BIBLIOGRAFÍA

NOTAS GRAMATICALES

1. El sistema pronominal

1.1. Los pronombres nominativos

nijé	*yo*	nijé co'mea	*yo comeré*
mujé	*tú*	mujé co'mea	*tú comerás*
binoy	*él, ella*	binoy co'mea	*él o ella comerá*
tamujé	*nosotros*	tamujé copoa	*nosotros comeremos*
'yemi	*ustedes*	'yemi copoa	*ustedes comerán*
aboni	*ellos, ellas*	aboni co'mea	*ellos comerán*

1.2. Los sufijos pronominales nominativos

-ni	*yo*	co'méani	*yo comeré*
-mi	*tú*	co'méami	*tú comerás*
-ta	*nosotros*	copóata	*nosotros comeremos*
-tamo	*ustedes*	copóatamo	*ustedes comerán*

Nota: Estos sufijos pronominales aparecen agregados a las formas verbales, a los adverbios, o a los correspondientes pronombres nominativos.

Nijeni huarú co'huá. *Yo como mucho.*

No hay sufijos pronominales para la tercera persona. Muchas veces, cuando se expresa la tercera persona, no se usa la forma pronominal. El significado sólo se sabe por el contexto. Por lo general, los sufijos pronominales se encuentran al final de la palabra, después de cualquier otro sufijo, y se usan más extensivamente que los pronombres independientes.

1.3. Los pronombres acusativos

tamí	*me*	tamí rihuari	*me vio*
mi	*te*	mi rihuari	*te vio*
tamujé tamí	*nos*	tamujé tamí rihuari	*nos vio*
'yemi mi	*los*	'yemi mi rihuari	*los vio*

1.4. Los pronombres posesivos

queni	*mi*	queni onó	*mi papá*
quemi	*tu*	quemi onó	*tu papá*
quepu	*su*	quepu onó	*su papá (de él, de ella, de ellos, de ellas)*
queta	*nuestro*	queta onó	*nuestro papá*

Nota: La posesión también se indica agregando el sufijo **-ra** a los sustantivos poseídos cuando éstos van después del pronombre nominativo o del nombre del poseedor. Miembros del cuerpo, términos de parentesco y ciertos sustantivos, como **carí** *casa,* y **buhué** *camino,* pueden llevar este sufijo. Ejemplos:

nijé onorá	*mi papá*
mujé sicara	*tu brazo*
juani carira	*la casa de Juan*
torí ca'huara	*huevo de gallina*

2. Sustantivos

Los sufijos que siguen se usan con sustantivos:

-chi o **-bo** *(locativo)* lugar donde se encuentra(n)

huachó	*garza*
huachochi	*lugar donde se encuentran garzas*
a'hué	*águila*
a'huebo	*lugar donde se encuentran águilas*
saté	*arena*
satebo	*lugar donde hay arena*

-rari *(colectivo)* entre; lugar donde se encuentra(n)

sunú	*maíz seco*
sunúrari	*entre el maíz seco*

-ra indica posesión cuando se aplica a términos de parentesco, a partes del cuerpo, y a ciertos sustantivos, tales como **carí** *casa* y **buhué** *camino*, cuando les precede un pronombre nominativo o un sustantivo que hace referencia al poseedor.

sicá	*mano*
nijé sicara	*mi mano*
José sicara	*la mano de José*

-ra cambia el sustantivo en verbo. (Cuando el pronombre nominativo o el sustantivo que hace referencia al poseedor no precede al sustantivo con el sufijo **-ra,** éste le da a la palabra una función verbal.)

acá	*huarache(s)*
acará	*se pone(n) huaraches*

-hua cambia el sustantivo en verbo. Este sufijo le da al sustantivo una función verbal que bien se puede traducir por *tener.*

coná *sal*
conahua *tiene sal*

-bú (*privativo*) Este sufijo cambia en verbo el sustantivo a que se agrega, e indica que le quita la sustancia indicada.

chomá *moco*
chomabú *se limpia la nariz*

saté *arena*
satebú *le quita la arena*

-rúami *(sustantiva)* Cambia de clase al sustantivo.

boní *hermano menor*
queni boní *mi hermano menor*
Bonirúami ju. *Es el hermano menor.*

-ca, -que, -co Estos sufijos aparecen en posición final en la oración para indicar énfasis, y para la eufonía. No cambian el sentido del sustantivo. **-ca** sigue a las sílabas que terminan en **-a**; **-que** sigue a las sílabas que terminan en **-e** y a las que terminan en **-i**; **-co** sigue a las sílabas que terminan en **-o** y a las que terminan en **-u**.

3. Verbos

Nota: Cada verbo en este vocabulario aparece en su forma más sencilla, o sea, la tercera persona de singular del tiempo presente; pero en las glosas se da el infinitivo, que es el equivalente en español. Hay dos clases de verbos en tarahumara:

1. Los que indican el tiempo futuro con el sufijo **-ma** en las formas singulares y en la forma plural de la tercera persona; y los que lo indican con el sufijo **-bo** o **-po** en las primeras y segundas personas del plural. La mayoría de los verbos en este vocabulario pertenecen a esta clase.

2. Los que indican el tiempo futuro quitando el acento de la raíz y agregando el sufijo **-méa** en las formas singulares y en la tercera persona de plural, y agregando el sufijo **-boa** o **-poa** en la primera y segunda persona de plural. Esta segunda clase tiene una subclase que indica el tiempo futuro de la misma manera, pero cambia completamente la raíz en todas las formas del plural. Ejemplos:

ané *le dice*

nijé anema *o* anémani	*yo le diré*
mujé anema *o* anémani	*tú le dirás*
binoy anema	*él* o *ella le dirá*
tamujé anebo *o* anébota	*le diremos*
'yemi anebo *o* anébotamo	*ustedes le dirán*
aboni anema	*ellos* o *ellas le dirán*

aní *dice*

nijé animéa *o* animéani	*yo diré*
mujé animéa *o* animéami	*tú diras*
binoy animéa	*él* o *ella dirá*
tamujé anibóa *o* anibóata	*nosotros diremos*
'yemi anibóa *o* anibóatamo	*ustedes dirán*
aboni animéa	*ellos* o *ellas dirán*

baquí *entra*

nijé baquiméa *o* baquiméani	*yo entraré*
mujé baquiméa *o* baquiméami	*tú entrarás*
binoy baquimea	*él* o *ella entrará*
tamujé mo'huiboa *o* mo'huibóata	*nosotros entraremos*
'yemi mo'huiboa *o* mo'huibóatamo	*ustedes entrarán*
aboni mo'huimea	*ellos* o *ellas entrarán*

3.1. Sufijos verbales.

Sufijos principales que se usan con verbos:

-ma, -bo o **-po** indica *tiempo futuro.*

-méa, -bóa o **-póa** indica *tiempo futuro.*

-ri indica *tiempo pasado.*

-gué o **-yé** indica *tiempo pasado.* Este sufijo se usa al contestar una pregunta que termina con el sufijo **-ri**. Ejemplos:

¿Quiríbucomi simiri?	*¿Cuándo saliste?*
Abeni simigué.	*Hoy salí.*

-ro indica *tiempo imperfecto*. Ejemplo:

Si'néami machiri mapu echo'ná asaro.
Todos supieron que él estaba allí.

-a, -sa, -gá, -yá *gerundios*. Ejemplos:

Echo'ná muchiri bajía.
Estaban allí, tomando.

Biré rahué aricheri, que co'ogá.
Aguantó un día sin comer (no comiendo).

Echo'náte na'asa socuari.
Allí, haciendo lumbre, nos calentamos.

-so *gerundio pasado*. Ejemplo:

Arigá caponi, si'néamica ripá moba jábaso.
Al fin (el palo) se quebró cuando se pararon todos encima.

-mia *gerundio singular*. Ejemplo:

Echo'nani asari carúmati ritúmia.
Estuve allí, admirando cosas de todas clases.

-bia o **-pia** *gerundio plural*. Ejemplo:

Echo'nata muchiri carúmati ritúbia.
Estuvimos allí, admirando cosas de todas clases.

-sia *gerundio plural*. Ejemplos:

Echo'ná cahuichí simirini sirúya echi chomarí.
Fui al campo a cazar venados.

Echo'ná cahuichí simíbarite sirúsia echi chomarí.
Fuimos al campo a cazar venados.

-sáagá *condicional*. Ejemplo:
mucú *muere* mucusáagá *si muere*

-si *imperativo plural*. Ejemplo:
nocha *trabajan*
¡Huériga nochasi! *¡Trabajen con ánimo!*

-gá *imperativo singular* para algunos verbos. La mayoría de los verbos indican el imperativo singular poniendo énfasis en la forma básica del verbo. Ejemplos:

¡Asagá! *¡Siéntate!* ¡Co'huá! *¡Come!*

-huachi *indica el tiempo en que se cumplió la acción del verbo.* Ejemplos:

bají	*toman tesgüino*	bajíhuachi	*el tiempo en que tomaron tesgüino*
co'hua	*come*	co'huáhuachi	*el tiempo en que comieron*

-ami *cambia el verbo en adjetivo.* Ejemplo:

ratá *hace calor* ratáam *caliente*

-rati indica *voz pasiva, tiempo pasado.* Ejemplo:

chapí *lo coge* chapírati *fue cogido*

-rúami *participio pasado.* Ejemplo:

Chapirúami níiri. *Fue cogido.*

-nari *indica deseo.* Ejemplo:

nocha *trabaja* nochánari *quiere trabajar*

-hua *transforma el verbo en transitivo.* Ejemplo:

buchí *está llenándose* buchihua *lo llena*

-na *transforma el verbo en transitivo.* Ejemplo:

casiri *se quebró* casínari *lo quebró*

-ni *yo*

-mi *tú*

-ta *nosotros*

-tamo *ustedes*

-bá o **-pá** *da énfasis final.* Ejemplo:

hue gará	*muy bueno*
Hue gará ju.	*Está muy bueno.*
¡Hue gará jupá!	*¡Está muy bueno!*

3.2. Cambio de vocal.

Hay dos clases de verbos en los que el cambio de la vocal final provoca un cambio de sentido.

1. El verbo se transforma en sustantivo, y viceversa. Ejemplos:

Verbo		Sustantivo	
noré	*hay nubes*	norí	*nube(s)*
busé	*tiene ojo(s)*	busí	*ojo(s)*
na'á	*hace lumbre*	na'í	*lumbre*
miché	*tiene meses (de edad)*	michá	*mes; la luna*
upé	*tiene esposa (el hombre)*	upí	*esposa*
cuné	*tiene esposo (la mujer)*	cuná	*esposo*

2. El verbo intransitivo se transforma en transitivo, y viceversa. Ejemplos:

Verbo intransitivo		Verbo transitivo	
nurá	*manda*	nuré	*le manda*
huirí	*se para*	huirá	*lo para*
bi'huí	*se limpia*	bi'huá	*lo limpia*
rajá	*se quema*	rajé	*lo enciende*
chihuí	*se pega*	chihuá	*lo pega*
nocá	*se mueve*	noqué	*lo mueve*

4. Adverbios y adjetivos

Sufijos que aparecen con ciertas palabras de estas clases:

1. **-bé** *aumentativo*. Ejemplo:
   huarú *grande* huarubé *muy grande*

2. **-hua** *verbalizador;* lo convierte en verbo. Ejemplo:
   murubé *cerca* murubehua *se acerca*

3. **-ana** *hace referencia a una o varias partes.* Ejemplos:

biré	*uno*	biréana	*en una parte*
ocuá	*dos*	oconáana	*en dos partes*

4. **-ra, -hui,** ***-bu*** *verbalizador;* cambia la palabra en verbo. Ejemplos:

gará	*bueno*	garara	*lo mejora*
huaná	*aparte; lejos*	huanahuí	*se aparta*
huaná	*aparte*	huanabú	*lo aparta*

LOS NÚMEROS CARDINALES

1	biré	*uno*	6	usani	*seis*
2	ocuá	*dos*	7	quicháo	*siete*
3	biquiyá	*tres*	8	osá nahuó	*ocho*
4	nahuosa	*cuatro*	9	químacoy	*nueve*
5	marí	*cinco*	10	macoy	*diez*

Los números 11 al 19 se forman de esta manera:

11	macoy miná biré	*once (diez más uno)*
12	macoy miná ocuá	*doce (diez más dos)*
13	macoy miná biquiyá	*trece (diez más tres)*
14	macoy miná nahuó	*catorce (diez más cuatro)*
15	macoy miná marí	*quince (diez más cinco)*

Los números 20, 30, 40, etc., se forman usando los números ordinales con el número diez (macoy). Los números 21 al 29; 31 al 39; etc. se forman de esta manera.

20	osá macoy	*veinte* (*segundo diez*)
21	osá macoy miná biré	*veintiuno* (*segundo diez más uno*)
22	osá macoy miná ocuá	*veintidós*
****		
30	baisá macoy	*treinta (tercer diez)*
40	nahuosa macoy	*cuarenta*
50	marisa macoy	*cincuenta*
60	usansa macoy	*sesenta*
70	quicháosa macoy	*setenta*
80	osá macoy	*ochenta*
90	que macoisa macoy	*noventa*
100	biré ciento	*cien*
1000	biré mil	*mil*

LOS NÚMEROS ORDINALES

1º	bachá	*primero*	6º	usansa	*sexto*
2º	osá	*segundo*	7º	quicháosa	*séptimo*
3º	baisá	*tercero*	8º	osá nahuosa	*octavo*
4º	nahuosa	*cuarto*	9º	quimacoysa	*noveno*
5º	marisa	*quinto*	10º	macoysa	*décimo*

TÉRMINOS DE PARENTESCO

1. Padre **onó** (*del hijo*); **marí** (*de la hija*)

El hijo debe decir: **queni onó,** o **nijé onorá** *mi padre*
La hija debe decir: **queni onó,** o **queni marí** *mi padre*
La hija también puede decir: **nijé onorá,** o **nijé marirá** *mi padre*

2. Madre **iyé**

Los hijos deben decir: **queni iyé,** o **nijé iyera** *mi madre*

3. Hijo **raná, no, qui**

El padre dice: **queni raná,** o **queni no** *mi hijo*
El padre también puede decir: **nijé ranara,** o **nijé norá** *mi hijo*

La madre dice: **queni raná,** o **queni** *mi hijo*
La madre también puede decir: **nijé ranara,** o **nijé quirá** *mi hijo*

4. Hija **raná, mará, qui**

El padre dice: **queni raná,** o **queni mará** *mi hija*
El padre también puede decir: **nijé ranara,** o **nijé marara** *mi hija*

La madre dice: **queni raná,** o **queni qui** *mi hija* o *mi hijo*
La madre también puede decir: **nijé ranara,** o **nijé quirá** *mi hija*

5. Hijastro **chocóbahua**

queni chocóbahua *mi hijastro*

6. Abuelo paterno y el nieto del abuelo paterno **ochícari**

El nieto dice: **nijé ochícahuara** *mi abuelo*
El abuelo paterno dice: **nijé ochícahuara** *mi nieto*

7. Abuelo materno y el nieto del abuelo materno **aparochi**

El nieto dice: **nijé aparóchara** *mi abuelo (materno)*
El abuelo materno dice: **nijé aparóchara** *mi nieto*

8. Abuela paterna y el nieto de la abuela paterna **acáchuri**

   El nieto dice: **nijé acáchura** *mi abuela (paterna)*
   La abuela paterna dice: **nijé acáchura** *mi nieto*

9. Abuela materna y el nieto de la abuela materna **usú**

   El nieto dice: **nijé usúhuara** *mi abuela (materna)*
   La abuela dice: **nijé usúhuara** *mi nieto*

10. Hermano mayor **bachí**

    nijé bachirá *mi hermano mayor*

11. Hermano menor **boní**

    nijé bonirá *mi hermano menor*

12. Hermana mayor **cochí**

    nijé cochirá *mi hermana mayor*

13. Hermana menor **huayé**

    nijé huayera, *o* **queni huayé** *mi hermana menor*

14. Hermana menor de una mujer **biní**

    nijé binirá, *o* **queni biní** *mi hermana menor*

15. Tía

huasamóchahua	*la hermana mayor de la madre*
soró	*la hermana mayor del padre*
raté	*la hermana menor de la madre*
opochi	*la hermana menor del padre*

16. Tío

curichi	*el hermano mayor de la madre*
cumúchari	*el hermano mayor del padre*
raté	*el hermano menor de la madre*
richí	*el hermano menor del padre*

BIBLIOGRAFÍA

Blansitt, Edward L., Jr. 1977. "Construct state nominals in Tarahumara." *The third LACUS forum*, 1976. Columbia, S.C.: Hornbeam Press.

Brambila, David, S.J. 1953. *Gramática rarámuri.* México: Editorial Buena Prensa.

____. 1958. "The Tarahumar—foolish and stupid? ¿Tonto y torpe el tarahumar?" *Boletín Indigenista* XVIII:2, págs. 146-55.

____. 1960. *Diccionario rarámuri-castellano (tarahumara).* México: Editorial Buena Prensa.

____. 1983. *Diccionario castellano–raramuri.* México: Obra Nacional de la Buena Prensa, A.C.

Burgess, Don H. 1970. "Tarahumara phonology (Rocoroibo dialect)." *Studies in language and linguistics* 1969-1970. El Paso, TX: Texas Western Press. págs. 45-65.

____. 1977. "El origen del marrano en tarahumara." *Tlalocan* VII:199-201.

____. 1979. "Domingo Morillo and the fox: Romínko Morio-Geyóči." *Discourse studies in mesoamerican languages Volume 2: Texts.* Dallas: Summer Institute of Linguistics and University of Texas at Arlington. págs. 85-93.

____. 1979. "Verbal suffixes of prominence in Western Tarahumara narrative discourse." *Discourse studies in mesoamerican languages Volume 1: Discussion.* Dallas: Summer Institute of Linguistics and University of Texas at Arlington. págs. 171-188.

____. 1984. "Western Tarahumara." *Southern Uto-Aztecan grammatical sketches* [*Studies in Uto-Aztecan grammar*, Vol. 4: , Ronald W. Langacker, ed.] Dallas: Summer Institute of Linguistics and the University of Texas at Arlington. págs. 1-149.

____ y Cruz Velasquillo Tría. 1970. *Frases tarahumara—castellano: En el idioma tarahumara de Rocoroibo y en español.* México: Instituto Lingüístico de Verano.

Cruz Cruz, Severiano, Isidro Candia Istonachi y Cesareo Prieto Vega. s.f. "Osili ralamuli raichala: Mi libro de leyendas tarahumaras, Chihuahua." México: SEP.

____. s.f. "Okuanami bineliami osili ralamuli: Mi libro tarahumara de segundo grado." México: SEP.

Gaeta, Asunción y Javier Campos. 1974. "Una danza tarahumara: El rutuburi y el yúmari." *Estudios indígenas* 4:2. págs. 195-207.

Garfia Ruiz, Gerardo. 1978. "Juegos y deporte en la tarahumara." *México indígena* 20, págs. 10-13.

Garza E., Carlos. 1973. "El proyecto Tarahumara." *Estudios indígenas* 2:3, pág. 365.

González R., Luis y Lorenzo Ochoa. 1980. "La osa enamorada de un tarahumara y otros relatos." *Tlalocan VIII*: 259-76.

Griggs, Jorge. 1910. *Diccionario de la lengua tarahumara*. Chihuahua: Talleres Tipográficos de la Escuela de Artes y Oficios.

Hilton, Kenneth S. 1947. "Palabras y frases de las lenguas tarahumara y guarijío." *Anales del Instituto Nacional de Antropología e Historia* 2: 307-313.

____. 1969. "Relatos tarahumaras." [textos narrados por Patricio García y Patricio Valdez] *Tlalocan VI*: 76-88.

____, Ramón López B. y Emiliano Carrasco T. 1959. *Vocabulario tarahumara* [Vocabularios Indígenas Mariano Silva y Aceves Núm. 1.] México: Instituto Lingüístico de Verano.

Lastra de Suárez, Yolanda. 1975. "Panorama de los estudios de lenguas yutoaztecas." *Las lenguas de México.* México: Instituto Nacional de Antropología e Historia, págs. 157-225.

Lionnet, Andrés. 1968. "Los intensivos en tarahumara." *Anales del Instituto Nacional de Antropología e Historia* 19:135-146. México: Instituto Nacional de Antropología e Historia.

____ 1972. *Los elementos de la lengua tarahumara.* (Instituto de Investigaciones Históricas, Sección de Antropología, Serie Antropológica: 13.) México: Universidad Nacional Autónoma de México.

____. 1977. "Relaciones del varogío con el mayo y el tarahumar." *Anales de antropología.* México: Universidad Nacional Autónoma de México: Instituto de Investigaciones Antropológicas, págs 227-242.

López Batista, Ramón. 1980. *"Qui'yá irétaca nahuisárami: Relatos de los tarahumaras."* México: Instituto Nacional Indigenista.

____ y Silas León Holguín. 1992. *Machiboa churigá oboa naulí tuberculosi anilíhuami: Conozca cómo empieza la tuberculosis*. Chihuahua: Club Rotario de Chihuahua.

____. 1988. *Quetasi suhuimea: No tienen qué morir.* México: Don Burgess.

____, Ignacio León Pacheco y Albino Mares Trías, Luis Castro Jiménez. 1982. *Rarámuri ri'écuara: Deportes y juegos de los tarahumaras.* México: Instituto Nacional Indigenista.

Llaguno, José A., S.J. 1975. *Tarahumar: Adaptación del método "ASSIMIL".* México: Editorial Progreso, S.A.

Mares Trías, Albino. 1982. *Ralámuli nu'tugala go'ame: Comidas de los tarahumaras.* Chihuahua: Don Burgess.

Nida, Eugene A., 1937. "The Tarahumara language". *Investigaciones lingüísticas* 4:140-144.

Ornstein, Jacob. 1976. "Sociolinguistic constraints on lexical borrowing in Tarahumara: Explorations in 'langue and parole' and 'existential bilingualism'—an approximation..." *Anthropological linguistics* 18:2 págs. 70-93.

Palma Batista, Jesús Manuel, Juan Figueroa Huahuichi y Albino Mares Trías. 1985. *Cuadernos de lenguas indígenas*, Volumen V, *Lengua tarahumar.* México: Instituto Nacional Indgenista.

Passin, Herbert. 1943. "The place of kinship in Tarahumara social organization." *Acta Americana 1*, pp. 360-383, 469-495.

Pérez Flores, Francisco, y Ramón López Batista. 1987. *Ralámuli ra'ichâruami: Frases tarahumara—español.* Chihuahua, Chih.: Don Burgess.

Pimentel, D. Francisco. 1903. "Descripción sinóptica de algunos idiomas indígenas de la República Mexicana: El tarahumar." *Obras completas,* Volumen 3, págs. 531-532.

____. 1903. "El tarahumar: Notas preliminares." *Obras completas*, Volumen 1, págs. 175-798.

Plancarte, Francisco M. 1958. "Ariwéta." *Acción indigenista* 60, págs. 2-4.

www.ingramcontent.com/pod-product-compliance
Ingram Content Group UK Ltd.
Pitfield, Milton Keynes, MK11 3LW, UK
UKHW041943190726
13854UKWH00004B/1758